The Magic Badmouthing Notebook

ずるいくらい
いいことが起こる

悪口ノートの魔法

Kiyomi Ishikawa
石川清美

青春出版社

はじめに

この本は、「悪口をノートに書くことで、自分を幸せにできる方法」を書いた本です。

「悪口なんて書いたらバチが当たる」と思った人も、安心してこのまま読み進めてください。なぜなら私は、自分のうっぷんをウンコと一緒に丸めて投げるゴリラのような女だったからです。

・泣き止まない子どもに「うるさい！ 黙れ！」と手を上げる
・彼に連絡取れないと、鬼電をする
・カッとなって壁を殴り、右手を骨折する
・彼とケンカすると、包丁を持って「死んでやる！」と叫ぶ

「むしろゴリラに失礼だ」という声が聞こえてきそうですが。
こんなことを本の「はじめに」に書いてしまったら、すぐさま本を閉じる人が続出。
本の売れ行きに悪影響を及ぼし、出版社に迷惑をかけかねない。

しかし、ゴリラと人間の境目を行ったり来たりしている私が、本を書こうなどと淡い夢を抱いてしまったのは、「人は生きているうちに生まれ変われる」という奇跡を起こせたから。一冊のノートに出合い、そこに自分の心の中にあるうっぷんを「悪口」として言葉に表し、これから紹介するメソッド通りにノートに書いたことで、本当に生きたい人生、在りたい姿を見つけることができたのです。

「女性が心の底から幸せになれるお手伝いがしたい」
「人前で話せるようになって、講演やセミナーがしたい」
「本を出版したい」
「歌を唄ったり楽器を弾いてステージに立ちたい」
「素敵な人生のパートナーと出会いたい」
「娘たちとまた幸せに暮らしたい」

すべて叶いました。ウンコを投げつけていた頃とは別人です。
それもこれもすべて「悪口ノート」のおかげです。「悪口ノート」は、自分を苦しめるために書くものではなく、自分を幸せにするために書く魔法のノートです。

心の中がモヤモヤザワザワする。頭の中が自分や誰かを責めはじめた。言葉にならないぎゅーっとした苦しい感覚をからだから感じる。また、ひどいことをされてハラワタが煮えくり返るくらい怒りを感じた。殺したくなるくらい憎しみでいっぱいになった。はたまた、何かに失敗して恥ずかしく惨めな気持ちになった。誰かに負けて悔しくてたまらない。大切な人とケンカして悲しくて涙が溢れた。未来が見えなくて生きる気力もなくなった。世間や自分自身にすら絶望した。

過去も今も未来も関係なく自分の心が動いたなら、ノートを開いてペンを持ち、心のままにネガティブな感情を「悪口」にして書き出してみてください。

「悪口ノート」をメソッド通りに書いていくことで、書き終えるころには、「悪口」そのもののイメージも書き替わり、思わぬ幸せを感じられるようになっているはずです。

この「悪口ノート」の魔法をメソッド化したものが「魔法の悪口ノート」です。こんな私でも幸せになることができたんだから、「あなたも絶対に自分を諦めないでほしい」と伝えたいのです。

ようこそ！　書くだけで幸せになれる「魔法の悪口ノート」の世界へ。

「悪口ノート」

7つの魔法

1 自分との関係がよくなる

2 夫婦仲がよくなる

3 お金との関係がよくなる

4 いい出会いが増える

5 対人関係がよくなる

6 いい引き寄せがどんどん起きる

7 感情と上手に
付き合えるようになる

必要なのはたったこれだけ

ノートとペン

お気に入りのものがベスト♥

必要最小限は、ノートとペンだけです。
これがあれば誰でも今すぐ始められます。

使いたい人は、こんなもので楽しんでもOK

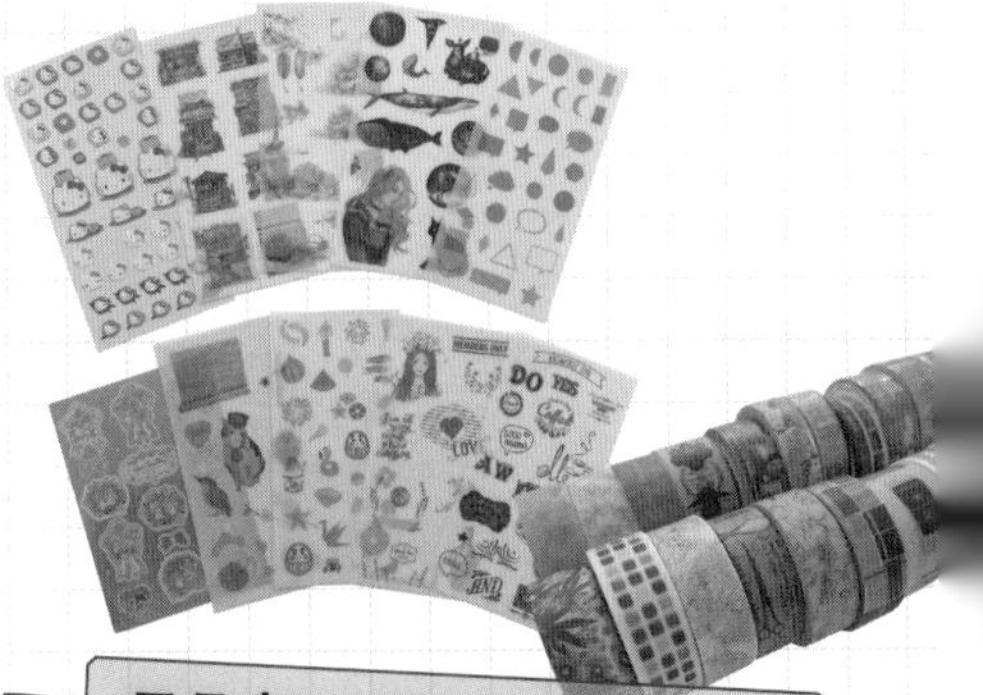

ペタペタ好きに貼って
自分だけの
ノートをつくろう

マスキングテープやシール

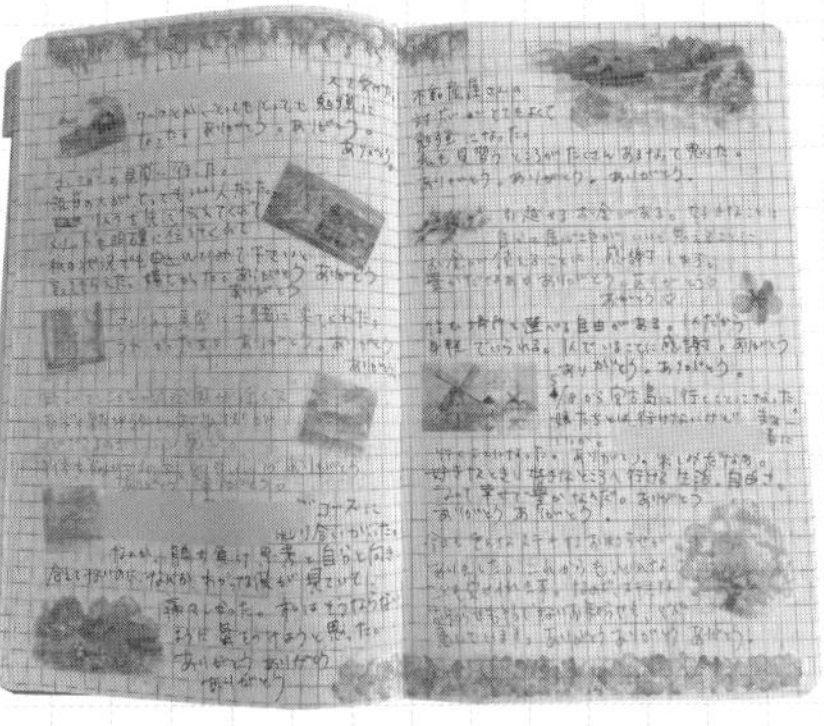

スタンプ

万年筆やマーカーなど

ペンもいろいろ使ってOK

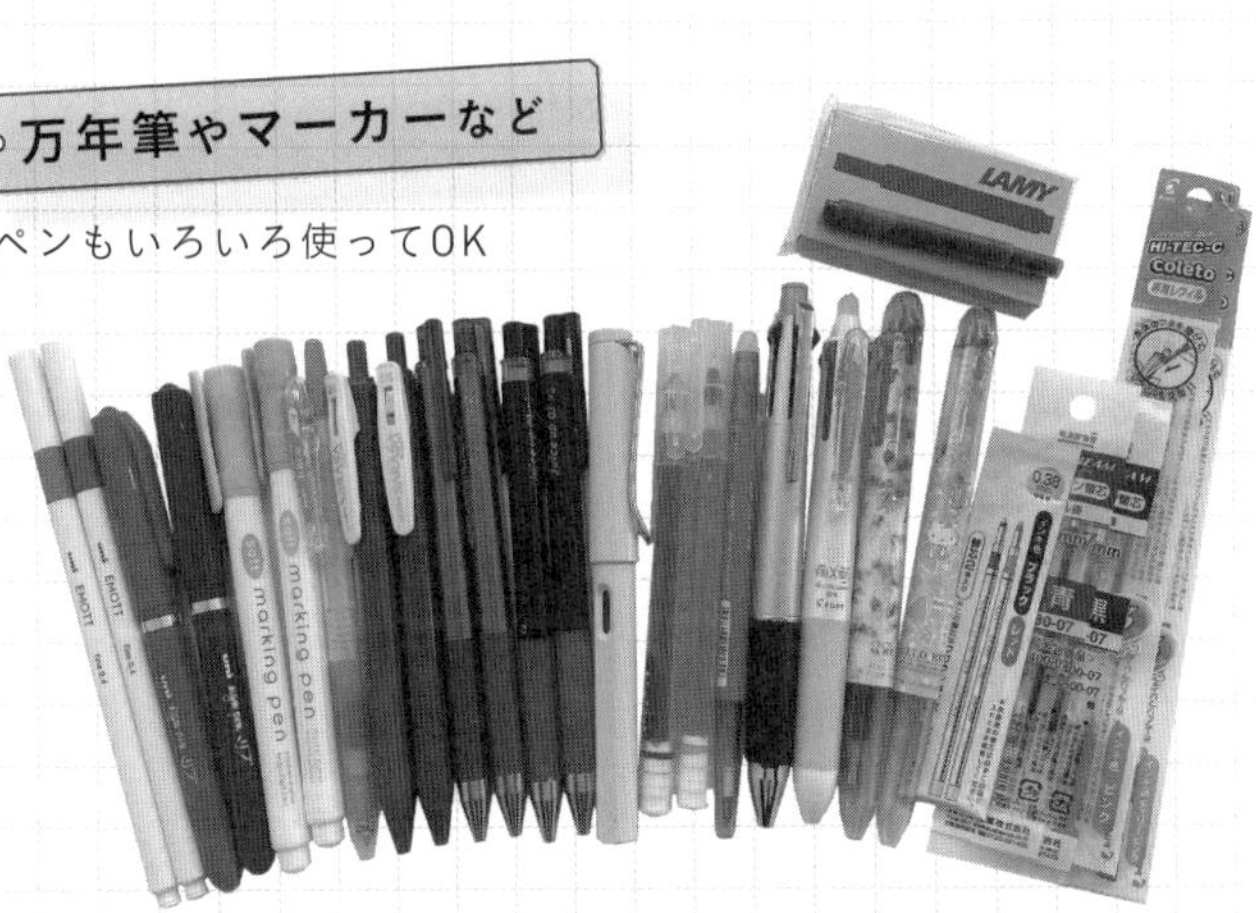

「悪口ノート」受講生の声

最初は学校の先生に漢字ドリル毎日やってねって言われたから、とりあえずやってたぐらいの感覚でノートをしてました。
やっていくうちに日々のイライラ、モヤモヤ、出来事の裏にある過去の根源や自分の醜さ、設定が芋づる式で出るわ出るわで…苦しい現実を作ってたの自分だったの？ とドン引きでした。
それと同時に心が軽くなって見える世界が変わっていく…気づいたらなくてはならない秘密道具になってました（笑）

（A.Sさん）

世間体を気にして、なんでも完璧に、ちゃんとしなきゃ、と自分で自分を苦しめる私ですが、もっと人に頼っていい、自分を許していい、と思えるようになりました。
自分で自分の望む人生は築ける！と、ノートを通して実感しています!!

（J.Sさん）

何より大きいのは、誰にも理解されない、孤独だと嘆いていた私にはもう戻れないということ。
今後何か大きな痛みを伴うことがあったとしても、悪口ノートがあり、それを受け入れ、サポートしてくれる場所があること。
これがあるだけで、私は絶対に幸せになれるという確信があります♥

（E.Oさん）

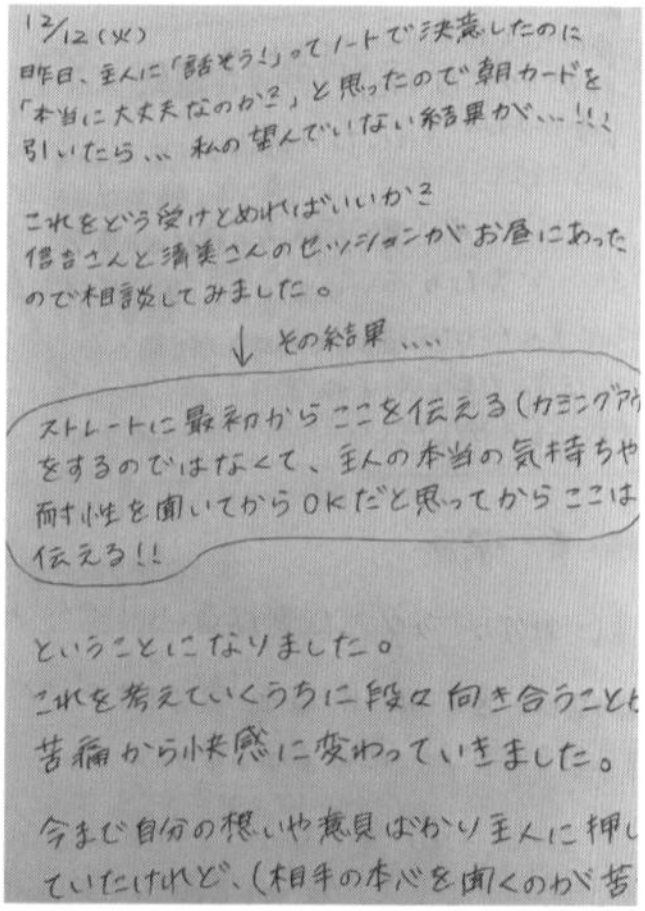
12/12(火)
昨日、主人に「話そう!」ってノートで決意したのに
「本当に大丈夫なのか?」と思ったので朝カードを
引いたら… 私の望んでいない結果が…!!

これをどう受けとめればいいか?
信吾さんと清美さんのセッションがお昼にあった
ので相談してみました。
↓ その結果…
ストレートに最初からここを伝える(カミングア
をするのではなくて、主人の本当の気持ちや
耐性を聞いてからOKだと思ってからここは
伝える!!

ということになりました。
これを考えていくうちに段々向き合うこと
苦痛から快感に変わっていきました。

今まで自分の想いや意見ばかり主人に押
ていたけれど、(相手の本心を聞くのが

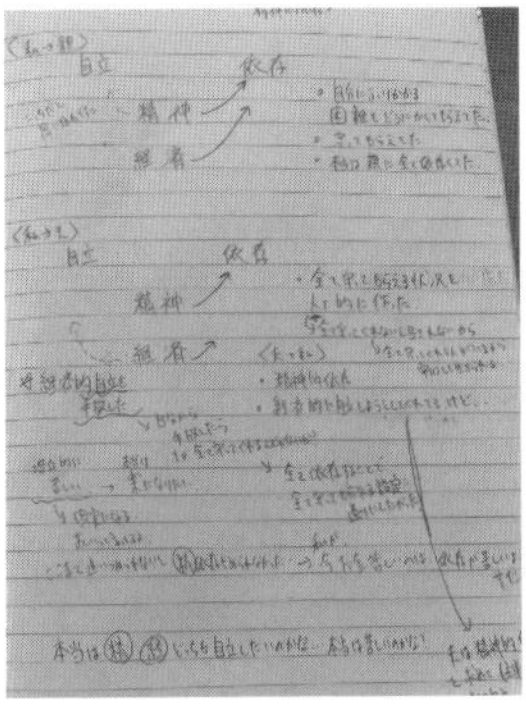

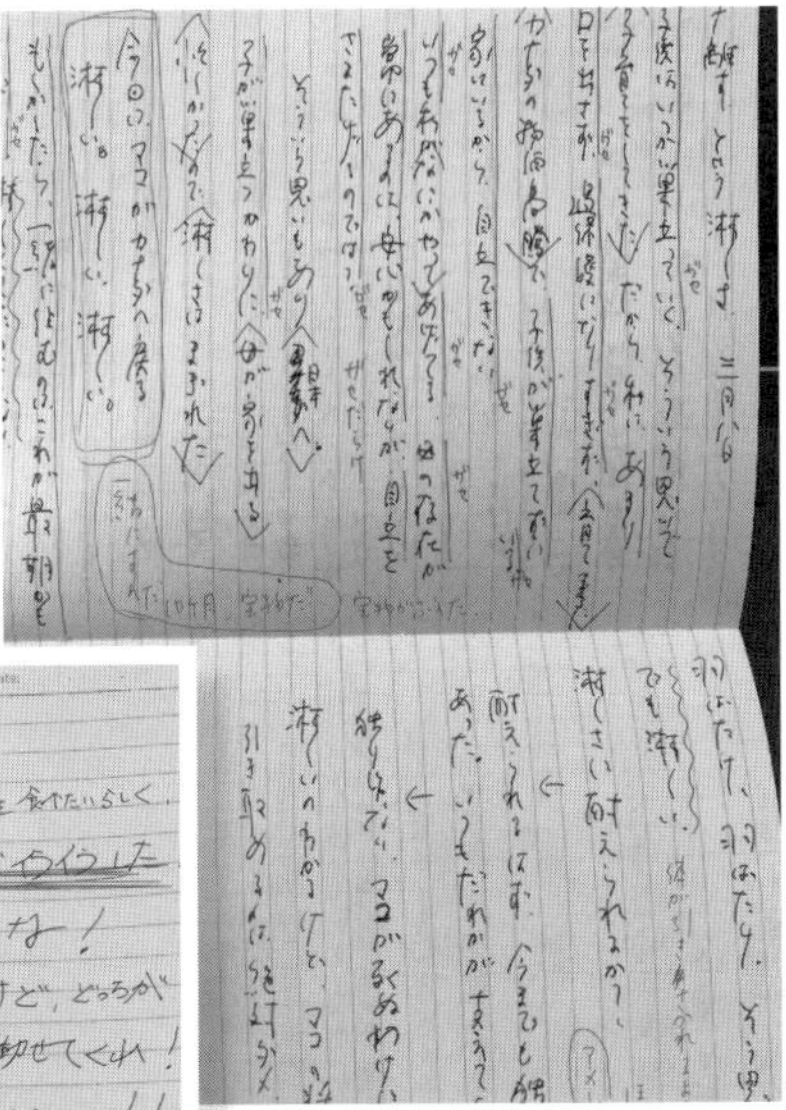

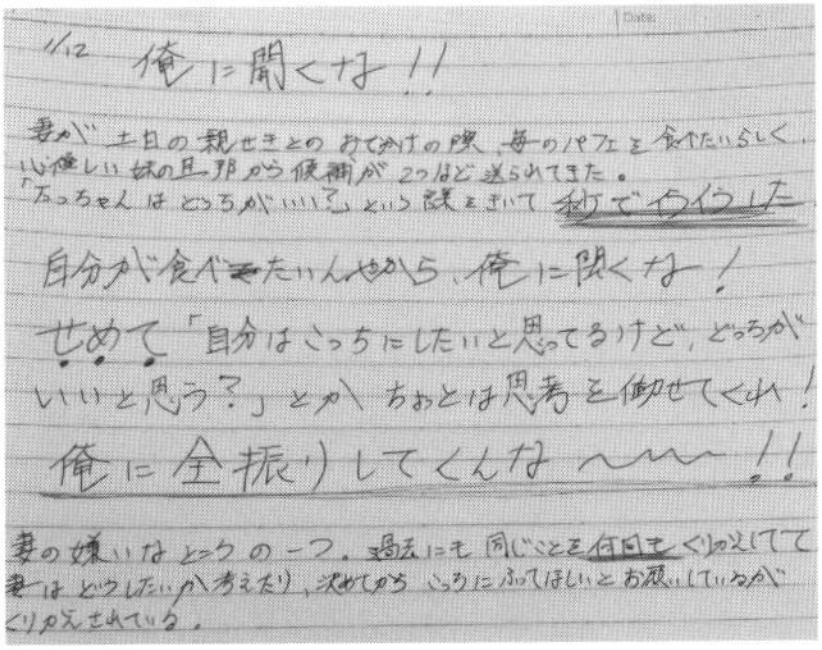

ネガティブな感情に、ここまでいろんな答えが潜んでいるとは、思ってもいませんでしたので、それまでとは全く違う、自己分析のアプローチがとても新鮮で、書き始めた最初の６ヶ月は、「これを書くと何が出てくるのだろう？」と自分への興味津々で、書かないと気が済まないような毎日でした。　**（M.Oさん）**

悪口ノートをやる前はどんな有象無象が自分から出てくるのか…と不安でした。が、出てきたのは愛ばかりでなんとも不思議な気持ちです。

以前より、自分自身のことを受け入れられている気がしています。また、子どもへの接し方が優しくなったなと感じていますし、子どもたちとの会話が増えました！　**（A.Oさん）**

『ずるいくらいいいことが起こる「悪口ノート」の魔法』目次

Part 2 悪口ノートに秘められた7つのメリット
～書くだけで潜在意識から変化が起きる

Part 3
「魔法の悪口ノート」の始め方
～【準備編】用意するものと、最初に知っておきたいこと

Part 4

「魔法の悪口ノート」の書き方

～難しく考えなくて大丈夫。気楽に始めてみてください

目次

Part 5

悪口を書き続けると理想の人生にワープする

～自分を諦めずに、生まれ変わった人たちの物語

本文デザイン 黒田志麻
本文イラスト 戸塚恵子
企画協力 ブックオリティ
英文作成 A to Z
校正 鷗来堂

Prologue ノートで起きた奇跡

冒頭で「人は生きているうちに生まれ変われる」という奇跡を起こせた、と書きましたが奇跡などというきれいごとで片付けるのは、なんとも惜しい。なぜなら、私のゴリラ歴は小学校低学年から始まっているからです。

当時、私の家は、近所でも悪い意味で有名な家庭でした。父親は巨人ファンで、負けると怒ってテレビを投げる。母親の借金のせいで、借金取りが電話をかけてきたり、家に来たりする。その対応を私にさせる。

そういう両親への不満を、私は妹と弟にぶつけていました。彼らを奴隷のようにこき使い、気に入らないと殴る。台風の日に、弟に近所の駄菓子屋さんにポテトチップスを買いに行かせたこともあります。

今考えると反省しかないのですが、当時の私はいつもイライラしていて、自分ではどうしようもない怒りを、ただ妹や弟にぶつけることでしか解消できずにいました。

小・中とバレーボールに励み、高校では野球部のマネージャーをやるなど、スポーツに熱中しました。しかし、私が高校2年のとき、母親が奨学金を使い込み、授業料を払ってくれないことがありました。また、中学の頃から新聞配達をして貯めたお金にも手を出していたことが発覚、学校でも人間関係で悩んでいた私はすべてが嫌になり高校を中退。当時住んでいた長崎から、埼玉の親戚を頼って半ば家出をしました。自分の人生をこんなところで終わらせたくない、私はもっと幸せになるんだ！　と思ったのを覚えています。

16歳で水商売を始め、当時ホストをしていた彼と17歳で結婚し、長女を出産しました。これでやっと幸せになれると思ったのも束の間、21歳で次女を出産後、娘二人を連れて離婚。このあたりから、ますます私のゴリラ化に磨きがかかり始めたのです。

離婚後、すぐに彼ができましたが、同棲を始めると、急に働かなくなりました。毎日ゲームをしてる彼にイライラが募り、だんだんケンカもエスカレートし警察沙汰になるほど。

どうしてこんなにうまくいかないんだろう？　私の何がいけないのだろう？　と苦悩する日々。結局その彼とは別れ、ホステス時代のお客さんだった人と再婚することになりました。今度こそは、絶対に幸せになるんだと誓って。

しかし、私はここでもゴリラがやめられず、再婚した夫と始めたリフォーム会社で従業員とも反りが合わずに衝突する日々。しかも、初めての会社経営と子育て、親の介護なども重なり、ますますストレスを抱えて毎日イライラしていました。それでも会社は年商二億円以上の売り上げで、いい生活はさせてもらっていたのです。

一見、幸せそうに見える家族を作り上げることはできたはずなのに、私の心はまったく満たされない。私はいったい何をやってるんだろう？　と、ここでもまた自分に対して苦悩するのです。

自分を変える方法が、うまくいかない！

この頃から、さすがに自分の何かを変えなければこの先はないと考えるようになり、心の勉強を始めました。そこから私は、生まれ変わるために7年もの間、一千万円以上の自己投資をし、自分を実験台に心理学、引き寄せなどを学び、ありとあらゆる成功法則を実践しました。

自分を変えるためにそれはそれは、血の滲むような努力をしました。

しかし、思ったほどの成果が出ず、傷口を舐めているだけの頭打ち感を感じてなりませんでした。

「何かが違う、これだけやってるのになぜ？」

と自分に怒りすら覚えました。

ある日、数年前にお風呂で突然死した母親に思いを馳せてノートを書いていたときのことです。今までになく、母親に対するとてつもない真っ黒なドロドロとした気持ちがあることに気がついたのです。

亡くなった当時、母はパーキンソン病という難病でした。だんだん体が思うように動かなくなり、最後は寝たきりになる病気だと医師からは聞かされていました。長女だった私は、母親の介護は私がしなければいけないと思い、一緒に暮らしていました。

ここまで聞くと「いい娘さんですね」と言われそうですが、私は母が突然死したとき、悲しみよりも「死んでくれてよかった」と安堵感を覚えたのです。

お風呂に浮かんでいる母親を最初に発見したのは、小学生の長女でした。

朝方、6時頃トイレに行こうと目が覚めた私は、いるはずの布団に母がいないことに気がつきました。母と一緒の部屋で寝ていた長女を起こし、「のりちゃん（母のこと）は？」と聞きました。母の気配を最後に感じたのは、前夜のお風呂です。仕事の飲み会で帰宅が深夜だった私と夫は、お風呂に電気がついていることを確認し、母がまだお風呂に入っていると思い、そのまま着替えて寝たのです。

私は急に恐ろしくなり、思わず小学生の長女に「ちょっとお風呂見てきて」と言ってしまったのです。言われるがまま見に行った長女に、「ばぁちゃんは？」と声をかけました。しかし、洗面所にいる長女からの返事がない。不安と恐怖を抱えたまま洗面所の扉を開けると、浴槽の中で浮いている母親と、その姿をぼーっと眺めてる長女の姿がそこにはありました。

私はとんでもないことをしたと瞬時に思いました。しかし、そんな自分、娘として母親として人として最低な自分を受け止めることができず、何事もなかったかのようにその後もやり過ごしました（ちゃんと長女に謝ることができたのは、長女が成人してからのことです）。

そして、数年経ってようやく、ノートを介して冷酷で醜い自分と向き合ったのです。

ずっと心のどこかにあった「罪悪感」をようやく認めることができました。

そして、この罪悪感は、小学生の頃に妹や弟に対してひどい扱いをしていた私が抱いていたものでもあることに気がつきました。

「こうなってしまうのは両親のせいで、私のせいではない。だから私は悪くない、悪いのはあいつらだ」とずっと思っていたかった私がいたのです。だって憎かった。親の都合に振り回され、理不尽な怒りの矛先にされること。だけど、結局私も両親と同じだった……。

人は、自分の中にある見たくない自分の存在を受け入れない限り、変わることはできません。

私は、この経験から自分の至らないところを猛烈に反省し、改める努力をしました。そして、本当に生きたい人生に進むために行動を起こしました。もう二度と、大切な人や自分自身を粗末に扱わないために。

ここで少しだけ、「魔法の悪口ノート」誕生秘話について話します（そんな大そうな秘話でもないですが）。

私自身、最初から「悪口書くぞー」と、鼻息荒く書いていたわけではありません。当初は、日記のように日々の嫌なことやイライラしたことを、ただただノートに書き連ねていただけです。

あるとき、ノートを見返して「これって結構な悪口じゃない？」と思ったのがきっかけでした。気がつけば私のノートは、周りの人や自分の嫌なところばかりを書いた、悪口だらけの悲惨なノートになっていたのです。

どれくらい前から悪口を書いていたのか？　というと中学生の頃までさかのぼります。父の機嫌が悪く八つ当たりされたとき、大好きな彼に振られたとき、友達とケンカした日のだれにも言えない、だれにもわかってもらえない、心のうちを泣きながらノートに書いていました。ノートはずっと、私のすべてを受け止めてくれる唯一の話し相手だったのです。

私のところにやってくる多くの方は、「実態のわからない悶々とした悩み」の解決の糸口を探しています。主婦の方やサラリーマン、ＯＬ、経営者の方まで、延べ１０００人以上のみなさまのお話を聞いてきました。

そこで私は、ある共通点を見つけました。

・具体的で明確な悩みがある人のほうが少ないこと
・「本音」を、身近な家族やパートナーにすら言えていないこと

さらに、自分の「本音が何なのか？」もわかっていないので、現状で起こっている問題について「事実なのか？」「事実ではないのか？」の区別もできていな

いのです。

そこで私のセッションでは、事実を認識するために話を聴くことよりも、話したいことをまずは書いてもらい、私に伝えるというやり方で進めています。

その理由として、

・自分が3秒前に話した内容をほとんどの人が覚えていない
・同じ質問をしても、数分前と数分後では回答が変わる
・自分の都合のいいように話をすり替える傾向があるので、言った言わないをなくすためにすべて証拠として残す

たくさんの人と話をしていると、人は本当に自分の都合のいいようにしか物事を解釈しないということがわかります。自分で自分のことを言いくるめるのも上手な生き物です。自分が何を考えて、どんな言葉を発しているのかを、「自覚」すること。これが自分を幸せにするためにできる第一歩だと思ってください。

実際に、悪口ノートを書き始めた人たちには、こんな変化が起こりました。

「離婚も考えていた夫と本音でぶつかったら、夫との関係がよくなりました」

「16年、うつ病になっても辞められなかった職場を辞めることができました」

「自分勝手な妻に10年以上振り回されてきたけど、やっと離婚ができました。しかも円満に」

「7年前に自死した母親をずっと許せずにいたけど、今はおかんが大好きです」

「自分の思いを周りの人に伝えることができるようになりました」

「借金に悩んでいたけど、家族に打ち明けたら援助してもらえました」

「資格を30個取得しても、起業できずにいたけど、やっと自分の講座を開催できました」

他にも、大きな変化から小さな変化まで、本人たちにとっては奇跡と呼べる体験をした受講生がたくさんいます。講座が終わっても悪口ノートを継続している人からも、嬉しい近況報告をたくさんもらいます。

では、なぜ悪口を書くだけでこんなにも変化が起こせたのか？

それは「悪口を書くことで、自分の腹黒さを認めることができた」から。私と同じように他人のせいにしてきた生き方から、私の人生は私次第、幸せな人生は自分で創るという生き方にシフトできたからなのです。

「魔法の悪口ノート」では、ネタとガセネタを区別するステップがあります。

ネタとは、「事実」のこと。ガセネタとは「本当かどうかわからないこと」です。人とのコミュニケーションで事実かどうかもわからないのに確認も取らず、勝手に思い込んでいることです。

友人や家族との会話のなかで、「○○だと思うよ～」「○○らしいよ～」と言ってる時点で、すべてガセネタだということに、カンの良いあなたは気がつきませんでしたか？

となると、日常会話のほとんどが、ガセネタで会話をしているという衝撃事実を知ることになるので、覚悟を持ってこの先を読み進めてください。あ、すでにネタバラシしちゃってますね。

ほとんどの方が「実態のわからない悶々とした悩み」を抱えている原因は、ネタとガセネタを区別できていないからですが、自分が原因なんだと悲観的に捉えて、自分を責めることだけはやめてください。反省はしてもいいですが、自己否定をしても何も生まれません。

せっかく何かいいことを期待して、この本を手に取ってくださったのでしょうから、ぜひ楽しんで読んでください。

ただし、1点だけ注意事項をお伝えしておきます。本書は、なにしろ「悪口」をきっかけに自分を変える本ですから、本文中に少々不快な表現などがちょこちょこ出てきます。そういう言葉が苦手な方は、本を閉じるか、読み進めるのをやめてください。ただ、そういうネガティブな感情の中に大事なことがいっぱい詰まっているということを心の片隅にでも入れておいていただけると嬉しいです。

そして、自分の中の清濁すべてと向き合える勇気を持った方には、素晴らしき世界が待っていることをお約束します。さぁ、覚悟はいいですか？　悪口の奥に広がるまだ見ぬ世界へ、是非あなたの一歩を踏み出してください！

Part
1

悪口の奥には幸せの扉がある

〜自分を解放する鍵を手に入れよう

1ミリの迷いもなく、悪口、言えますか？

「悪口と聞いてどんなイメージを持ちますか？」

私が講座のときに、必ずするこの質問。ほとんどの人がこんな回答をするのです。

「悪口は、言ってはいけない」
「人の悪口を言ってると、自分に返ってくる」
「自分も言われてるんじゃないかと不安になる」
「悪口を言う人は嫌い」

などなど……これは一般的にパッと出てくるイメージです。

さらに、詳細なイメージを書いてくれた方もいます。

「吐き出すと一瞬は快楽を得られるけれど、そのあとに罪悪感や不快感が残るもの」

「内容に信憑性はない」

「誰か言い出したら一緒に言わないと変な雰囲気になるときがある」

「広まるのが速く、どこからか漏れる」

「私の考えが悪いから悪口が出てしまう。そんなことは思っちゃいけない」

「悪口って得体の知れないウイルスみたい」


　グループでこの質問に取り組み、回答をシェアしていくのですが、みなさん、すべての回答にうんうんと何度もうなずいている様子がうかがえました。そして、人の数だけ悪口のイメージがあるということを、この質問を繰り返すたびに実感します。「悪口」というたった二文字の言葉に、こんなにも人は不安や恐怖を感じて生きているのですね。

　私たちは子どもの頃から「人の悪口は言ってはいけません」と育てられます。学校でも、人にやさしくすること、おもいやりを持つことを教えられます。でも、頭に浮かんで言いたくなってしまったときは、どうしたらいいのでしょうか？

先生も親も子どもには、「言ってはいけません」と、ただ我慢させるだけ。子どもは我慢するしか方法はないのです。これって、大問題じゃないですか？

情けないのが、子どもに偉そうに言いながら、その大人たちが子どもの前でママ友の悪口を言い合っていること。子どもからしたら、世界七不思議のひとつではないでしょうか。

ですから、人間が悪口を言いたくなるメカニズムを知る必要があると思うのです。

誰も教えてくれない、ネガティブ感情の取り扱い方

人間の思考は、１日に約６万回ほど頭の中で会話を繰り返します。そのうち約８割がネガティブなことを考えているそうです。

私たちの感情の種類がどれだけあるか、ご存じですか？

感情の種類を研究している心理学者ロバート・プルチック氏の「感情の輪」の理論によると、人間の感情の３分の２、約７割がネガティブな感情なのです。

さらに、人間のそれぞれの感情は幾重にも重なり、性格も加わると２０００種類にもなると言われています。その約７割がネガティブな感情だと考えると、「人間はネガテ

ィブである」と言っても過言ではありませんよね。

そんなに多いネガティブ感情なのに、その取り扱い方を誰も教えてくれないなんて、おかしくないですか。どうやって扱っていいかがわからないから、友達同士、陰でコソコソ人の悪口を言ってみたり、有名人をネットで叩いてみたり、友達のＳＮＳに匿名で書き込んで誹謗中傷してみたりするんです。

人にだけじゃありません。**自分に対しても否定や批判の言葉を何度も浴びせ、呪文のように、自分の心に悪口を言い続けている**状態になってしまっているのです。

現に、日本の若者の自殺率は先進国トップ。食べるものも着るものも、住むところも遊ぶところも、欲しいものはなんでも手に入る、世界的に見ても豊かな国なのに……。

だから、私は適切な方法で、心の中の「悪口を吐き出す」ことを提唱したいのです。ただ言うのではなく、適切な方法で取り扱えるようになると、徐々に「悪口」という言葉に対するイメージが変わってくると思います。

「悪口ノートを書くようになってから、悪口のイメージに変化はありましたか？」と質問したところ、受講生からこんな回答が返ってきました。

「悪口は、人生の道標」

「お宝が詰まった宝箱の鍵」

「知らない（気づいていない）自分に出会える最高の贈り物」

「人間らしくていい」

「相手を知る入り口のひとつ」

「だいぶ自分の思い込みで作られてる」

「悪口は絶対的に悪いものではない。使い方の問題」

「自分を理解するツール」

「自分の癒されたい過去やトラウマの表れ」

「未知の自己発見と解放」


悪口は、けっしてこわいものではありません。

出てきた悪口を、書き出し、分解し、整理する正しいやり方さえマスターしてしまえば、正体がわからず恐れていた悪口の中に、幸せになるヒントが必ず見えてきます。ただ我慢するという間違った方法から一緒に抜け出していきましょう。

不満や憎しみ、つらさをためこむと、どうなるか

心の中で、人の悪口を言ってしまうことってありませんか？

私は、あります。自分が急いでいるとき、目の前の人がスマホを見ながらノロノロ歩いてたりすると、「邪魔なんだよ、さっさと歩け」とか。車の運転中に急に自転車が飛び出してくると、イラッとして「バカなの？　事故ればいいのに」とか。飲食店で態度の悪い店員さんに「こいつ、使えない」など、心の中でつぶやいてしまいます。

また、身近な子どもにも、散らかってる部屋をながめて「汚なっ、本当にだらしない。だから勉強もできないんじゃないの」とか。ダラダラとスマホばかり見てる姿を見て、「だから太るんだよ！　もっと運動しろ」とか。

私は、子どものころから比較的、こういうことを思う自分を悪いと思っていませんで

した。その理由は、父が感情をドストレートに表現する人だったから。

「プロローグ」でも書きましたが、父親は大の巨人ファン。一九九〇年代、藤田監督率いる巨人軍が、宿敵阪神タイガースに負けると、居間に置いてある黒くて重い箱のようなブラウン管テレビを持ち上げて、窓を開けたと思ったら庭に投げるのです。私が知ってるだけでも、3台のテレビと1台のステレオが犠牲になっています。

また、妹の誕生日には、ケーキがないことで妹が泣いてしまったことに腹を立てた父は、すごい形相で私と妹と弟を車に乗せて走り出し、自宅の駐車場の細い道から県道に出る坂道で急に加速し、大声をあげながらそのまま左のブロック塀に突っ込んだのです。幸い全員怪我もなく無事でしたが、そのあと父が、一人で泣きながら「死にたい」と漏らしていた姿は今でも脳裏に焼きついています。

こんなこともありました。片付け忘れて置きっぱなしにしていたリカちゃん人形をガスコンロで燃やしたり、玄関の靴を並べてないと外に捨てられてたり、ランドセルを庭に投げられたり。手もあげる人だったので、口答えして顔面を蹴られたこともありました。家の壁や襖は穴だらけ。当時、母とは別居で男手一つで3人の子どもを育てていたので、きっと父も苦労をしていたのだと思いますが、子どもからしたら恐怖でした。

そんな父でしたが、授業参観や運動会、バレーの練習などは必ず観に来て、大きな声で応援してくれる人でもありました。大会で優勝すると嬉しそうに褒めてくれて、キャッチボールやマラソンも一緒に練習してくれる子煩悩な父という顔もあったのです。

まわりの大人からは、「よく非行に走らずに育ったね」と言われることがありましたが、ちゃんと親からの愛情をもらっていたからだと大人になって気づきました。

言いたい放題の経営者、人間関係に苦悩する

29歳で元夫（二人目の夫）とリフォーム会社を経営するまで、思ったことを我慢したり、ひどい考えを持っちゃいけないという発想はなかったので、もしかしたらとてもワガママに言いたい放題言って生きてきたような気がします。

だから、会社経営をする中でスタッフとのコミュニケーションに悩むことが増えたのだと思います。負けん気が強く生意気な性格。そのくせ経営者としても未熟なところばかり。職人さんから反発を受けても仕方ありませんよね。

私が会社のためにと新しい取り組みをすると、「そのやり方には従えない」と反対もされました。また、取引先からのクレームをスタッフに伝えると、不機嫌な態度をとられたり。私は、そんなスタッフに対して「誰が給料払ってると思ってるんだ！　私の言うことを聞かないなら辞めればいい。バカ、くそ！」と悪口を心の中で言っていました。

この頃から、あまりにもうまくいかない人間関係に苦悩し、いろんな経営者の本や自己啓発の本を読みあさるようになります。

経営の神様と呼ばれる、松下幸之助さんの『社長になる人に知っておいてほしいこと』（ＰＨＰ研究所）という本からは、素直な心が大事であると学び、『怒らない技術』（嶋津良智著、フォレスト出版）からは、怒りをコントロールする方法を学び、他にもさまざまな本から学んだことを取り入れて実践していきました。

しかし、本に書いてある通りのことができない自分を、今度は責めるようになりました。「こんなにひどいことを考えてしまうのは、私の性格が悪いからだ。私の考えがおかしいから改めなければ」と考えるようになったのです。

それまで、はっきり言いたいことを言っていた私が、立派な経営者が言いそうなきれいな言葉だけを選んで話すようになったのです（まわりは気持ち悪かったと思います）。しかも、心で思うこともダメなことだと言い聞かせました。

私の心の崩壊が、始まったのは言うまでもありません。何をしてもつまらなく感じるようになり、死にたいと思うようにもなりました。心療内科に相談に行きましたが、「仕事が大変なんですよ」と薬を処方されただけ。「こんな薬で治るの？」と、他に方法はないのか調べ始めました。そこで出会ったのが、心屋仁之助さんのブログでした。

私、本当はつらかったんだ！

仁さんは、「言ってみるカウンセリング」というのをされていました。

私は、ここに行けばラクになれると思い、仁さんの認定講師をされている方のカウンセリング塾を受講することに決めたのです。

塾では、人に対しての不平不満や怒り、憎しみや嫌悪、また、自分に対しての不満や否定、自責など、いろんなネガティブな感情を言葉にしてみたり書き出したりしました。

すると、今まで誰にも言えなかった苦しさが溢れ出してきたのです。自分でも驚くほど過去の体験に、悲しみやつらさを感じていたと気づくことができました。

「私は、本当はつらかった」

「私は、本当は○○さんが嫌いだった」

「本当は助けてほしかった」

久しぶりに、自分の本当の声を聞いた気がしました。

中学生の頃にノートに感情を書き殴っていた自分。あのときの私は、ある意味、ちゃんと汚くて醜いドロドロの感情も大事に扱っていた。だから、私は生きてこられたんだ。

そのことを思い出し、溜め込んでいた感情を隅から隅まで吐き出していきました。すると、次第に私の心は元気をとり戻していったのです。気持ちにも余裕が生まれ、人を許せるようになりました。人の優しさにも気づけるようになり、彼らが本当は私のことを思って助言をしてくれていたと受け取れるようになったのです。

この体験から、適切なやり方で「ちゃんと言ってみたり、書いてみたり」することは、心を解放し、自分を幸せにできる入り口に使えると知ったのです。

「悪口」の意味を調べてみた

辞書に掲載されている「悪口」の意味です。

「人を悪く言うこと。人をあしざまにいうこと。また、その言葉」（岩波書店『広辞苑』）。

また、べつの辞書では「人や事物を取り上げて、わざとその評価をおとしめるようなことを言うこと。また、その言葉。…」（三省堂『新明解 国語辞典』）とも書かれています。

なんだか恐ろしそうな意味ですね。

私も辞書やスマホの検索機能を使ってたくさん調べてみました。表現がそれぞれ違っていて、言葉によって若干の受け取る意味が変わってくる印象はありましたが、共通しているのは「悪意」という意図が自分の中にあるかないかでした。

また、あいうえお順で２００個の悪口を一覧にしているサイトもあります。この機会に世の中で使われている悪口にどんなものがあるかを探してみるのもいいですよ。

なんともおぞましいものからユニークなものまで、今まで聞いたことのある悪口もあれば、「それって悪口になるの？」というものもありました（なかには解読がむずかしい悪口も……）。

クライアントのOさんから悪口のイメージについて聞いたときの話。

「今まで、悪口を言うことを避けてきましたが、ノートに書くことによって気にしていなかったことや、見えてなかった自分の本当の気持ちが見えるようになりました。また、悪口ノートを書きながら私の中では反対意見を言うことも、悪口のカテゴリーに入れてるのかも」

Oさんにとって「反対意見を言うことや自己主張をすることは、悪口を言ってること」と同じだったのです。だから、「なんか違うな」と感じても、黙っていることが多かったそう。

私はこの話を聞いて、意見をはっきり言うことも人によっては悪口を言っているという印象を受けるのだと知りました。

聞き手がどこまでを悪口としているのかによって、悪口の範囲が変わるって面白いですね。そうなると、受け取り手次第で悪口になるものもあれば、こちらが悪意を持って悪口を言っているつもりでも、受け取り手が悪意を感じないと悪口にならない場合があるということになります。結局のところ、はっきりとした境界線がないものだというのが結論です。いじめの範囲とも似たものを感じます。

Oさんはご両親が汚い言葉を使わない家庭で育ったこともあり、ポジティブシンキングが得意でした。心の中のドロドロした部分を口に出したりする家庭で育ってないので、悪口を言ったり書いたりすることへの抵抗があったのでしょう。

口に出して言うことだけが悪口ではありません。口には出さずとも心の中で思っている時点で悪口になります（そして、それはエネルギーとして相手に伝わります）。

とはいえ、私は、悪口そのものに良いも悪いもないとも思っています。悪口をどのような文脈、どのような態度で人に話すのかによって、「いい悪口」と「わるい悪口」の二種類に分かれていると思うからです。

「いい悪口は人に伝えてもよいもの」「わるい悪口は伝えるに値しないもの」というような明確な線引きが私にはあります（あくまで私の経験から導き出した思想や手法になりますが……）。次の項でもう少し詳しく説明します。

悪口は伝え方ひとつで、愛される悪口になる

悪口には二種類あると言いました。具体的にどのような違いがあるのでしょうか？ある順番を踏んでいるかによって、私は種類分けをしています。この順番を踏んで伝えた「いい悪口」は、相手に受け入れられやすいどころか、むしろ、人から愛される魔法の悪口となるのです。

Iさんの例でお話しします。

いつもおだやかで誰にでも優しく接するIさん。あるとき、講座中に私が「Iさんは、自分で書き換えた意識（「悪口ノート」では、意識の書き換えをします）で、自分を苦しめるというパターンがありますね」と発した言葉にムッとしたそうです。その後、「どうしてあのときムッとしたんだろう？」とノートで自分の気持ちと向き合い、その気持

ちを私に素直に伝えてくださいました。今までのIさんなら、言わずにひとりで我慢していましたが、本当は私ともっと本音の付き合いがしたいという願いがありました。

Iさんは、どんな順番で私に伝えてきたのでしょうか？

それは、三段階コミュニケーション法というものです。「思考と感情と本当の願い」の三段階に分けて心の中を伝えるというやり方です。

三つの説明は次のようになります。

- 思考…**一般常識。こうあるべき。男とは、母親とはこういうもの、など**
- 感情…**出来事に反応して感じたこと**
- 本当の願い…**心の奥にある本当の声**

Iさんの例。

- 思考…**そんな小さいことで腹を立てるのは良くないこと。それを言ったら嫌われる**
- 感情…**バカにされた気がした。私だって頑張ってるのに、ひどい**
- 本当の願い…**本音の付き合いがしたい**

このように心の中を分類します。そして、この内容をすべて伝えるというのが三段階コミュニケーション法なのです。たとえば、こうなります。

「こないだ清美さんに、自分で書き換えた意識で自分を苦しめるというパターンがありますねと言われて、じつはムッとしたんです。私だって頑張ってるのにバカにされた気が一瞬したんです。こんなこと言ったら嫌われるかもと不安になったんですが、私は清美さんと本音の付き合いがしたいと思っているので伝えることにしました。どうしてあのとき、そう言われたんですか？　理由を教えてほしいです」

私は、嫌な気持ちになるどころか、素直で可愛らしい人だとＩさんのことが愛おしくなりました。ネガティブ感情の部分と、本当は仲良くしたいという対極の「愛」の部分も両方ちゃんと伝わってくる。うそもごまかしもない。とっても本質的な会話です。

相手に伝わる最大の理由は、**ネガティブ感情を自分と切り離し、ただの「出来事」にして相手に伝えることができている**から。「一瞬そう感じた」という感情を認め、それを一瞬そう感じたとそのまま伝えることで「出来事」のように相手もとらえやすくしているのです。さらに、「バカにされた」と感じたことを素直に認めている態度が相手に「好意」を抱かせるものとして伝わるのです。

ノートで向き合ったあとに、この順番に当てはめて伝える悪口は、誰でもちゃんと伝わるのでトライしてみてください！

では、「わるい悪口」とはどんな悪口でしょうか？

それは、心の中を整理せず、ただ「バカにされた、ひどい、私だって！」という感情の部分だけを取り出して、感情一択で自分を被害者にして人に話している状態です。
「清美さんの言い方にムッとしたんだよね。私だってこんなに頑張ってるのに、ひどいと思わない？」というような感じで。

ポイントは、感情と出来事をちゃんと分ける、ということです。「悪口ノート」のステップでも重要な部分でもあります。ここがごっちゃになっている人がすっごく多いので、要注意な部分ですよ！

そして、絶対に言ってはいけない悪口は、身体的なことや頑張ってもどうにもならない悪口です。

どんな成功法則も失敗法則になってしまうとき

リフォーム会社を経営してた頃、心の勉強を始めたと言いました。

当時、「好きなことやワクワクすることをやろう」という言葉がとても新鮮で、好きやワクワクで選ぶと成功して幸せになれるのだと思ってそうしていました。

好きな女性経営者のセミナーに行ったり、高級ブランド品の靴やバッグを購入したり、高級ホテルに宿泊したり、新幹線のグランクラスに乗ってみたり。「いいな！　やってみたい！　ワクワク！」その感覚にしたがって動いていました。

その結果どうなったと思いますか？

そう、なんとも恥ずかしい話ですが、会社は赤字、個人的にも借金ができたのです。

一緒に会社を経営してた当時の夫からも、「お前がやってることは横領と一緒だ」と言われたのをよく覚えています。

何がいけなかったのか、当時はわからずにいましたが、そもそも「自分を愛する」「自分を大事にする」ということを「勘違い」していたのです。

「本当にセミナーや高級ブランド品、高級ホテルが望みだった？」と、自分自身にたずねてみたところ、こころの奥底に満たされない思いがあることに気づきました。

仕事や人間関係からくる日常のストレスを、非日常のキラキラした世界に身を置くことでまぎらわせたかった。その世界にいると、うまくいってる私、成功している私のような気分になれただけ。本当に高級ブランド品が欲しかったわけではなかった。

自分の本当の気持ちとも向き合えたことで、離婚や自分の会社をやめるという決断ができました。


もうひとつ、私の失敗談です。

「ありがとうを毎日唱えると人生が好転する」「感謝をすると人生がうまくいく」という方法を実践したのですが、ありがとうを唱えても、感謝をノートに書き出しても、期待していたほどの効果を得られず、むしろそれが不満へと変わっていきました。

私はもともと疑り深い性格なので、「こんなことやって本当に人生が良くなるの？」

と心のどこかで疑心暗鬼になりながら取り組んでいたのです。挙句、「口ばっかで感謝しても、そんなの本当の感謝じゃないじゃん」と私はよけいに不満を感じ、やたらと感謝を伝える人を見ると腹立たしくなる始末。感謝アレルギーまで起こし始めたのです。

どうしてこのようなことが起こるのでしょうか。

それは「ありがとうを毎日唱えても人生は好転しない」と、心の中で「設定」しているから。この設定を書き換えないかぎり、ありがとうをいくら唱えても人生が好転することはないのです。

「設定」は子どもの頃のさまざまな体験によって潜在意識の中に根付いてしまいます。

私の場合、両親はケンカばかりで「ありがとう、感謝してるよ」というセリフより、むしろ父が母を怒鳴りつけて否定する言葉をたくさん聞いて育ってしまいました。

だから、「ありがとう」や「感謝」を伝えるという「設定」がなかったのです。形ばかりの「ありがとう」や感謝で、いい方向へ潜在意識が動き出すわけがなかったのです。

この**驚くべき力を持つ「設定」**。**これを書き換えると、人生はがらりと変わります**ので、のちほどその方法もお伝えしますね！

人生をシフトチェンジする最短の方法

人生をよい方向にシフトチェンジしたいのであれば、形ばかりの成功法則を真似するのではなくて、自分の中の「設定」（決めつけや思い込みと言ってもいいです）を書き換えて不安を解消する。これが最短の方法だと今は自信を持って言えます。

ですから、「でもな〜」「○○だからなぁ」という思い込みを、心の中から探し出して、書き換えてあげる。そのとっかかりとして、「悪口」を書くことは、とっても有効なのです。

世の中にはいつも悪口を言ってる人がいます。代表的なのは、昔は井戸端会議。私の時代は2ちゃんねるでしたし、現在は5ちゃんねるです。さらにもっと進化して、SNSで匿名のアカウントを作成し、ＤＭで個人に直接的に悪口が言える時代になりました。実際に私の娘は、中学生の頃、Instagram や TikTok のＤＭで嫌がらせを受けています。

「お前みたいなブスが女優なんてなれるわけない。死ね死ね死ね死ね死ね」

このような内容の悪口が毎日のように送られてきたそうです。

そして、井戸端会議、2ちゃんねる、SNSで悪口を言い合うことには共通点があります。それは、悪口を言う側のプライバシーが守られているということ。井戸端会議は、絶対に互いがばらさないという結束感があり、2ちゃんねるやSNSは匿名という「最強の盾」があります。自分の身をしっかりと守りながら安心して悪口が言える。行ったことはないですが、天国より極楽な環境が整ってるのです。

ということは、そうまでして悪口を言いたい、言わずにはいられない何かが、心の中にあるはず。だとしたら、**悪口を「悪」と単純に終わらせるのはもったいない**です。

悪口ノートは、極楽な環境で悪口を言うためにあります。

私は、「お前みたいなブスが女優なんてなれるわけない」と送ってきた娘の友達に、「今の現状を変えるためのヒントが悪口には隠れているよ」と教えてあげたいです。

会社員のTさんは、「そろそろ子どもが欲しい」という妻との妊活のことで、離婚まで考えるほど悩んでいました。理由は、妻の子どもっぽい性格に不満があったから。講座に参加した当初、「ただでさえ負担を感じてるのに子どもができたら自分の自由がなくなる」と妻への不満からくる悪口をノートに吐き出してもらいました。

俺に聞くな！

妻が土日の親戚とのおでかけの際、いちごのパフェを食べたいらしく、心優しい妹の夫からお店の候補がラインでふたつ送られてきた。「Tは、どっちがいい？」と聞かれて、秒でイライラした。自分が食べたいんやから俺に聞くな！　せめて「自分はこっちがいいと思ってるんだけど、どっちがいいと思う？」とかちょっとは思考を働かせてくれ！　俺に全振りしてくんなーーーーーーー。妻の嫌いなところのひとつ。

Tさんは、「妻に対して以前からめっちゃ嫌と思う部分が出てくる案件があったのでノートに書いてみました。これから深掘りしていきます。このノート、自分では結構いろいろ挑戦したつもりです。自分の中では結構ドキドキしながら書きました」と妻の悪口を初めて書いた感想をくれました。

その後も、悪口ノートを書くことでさまざまなイライラの原因が明らかになりました。

Tさんは長男。幼い頃から両親から「この家を継ぐんやで」と厳しく育てられました。世間に恥ずかしくないようにという想いが強く、プレッシャーに押しつぶされそうになっていたのです。子どもが欲しくないわけではなく、自分ひとりですべてを背負い込んで勝手に負担を感じ、他力本願な妻にイライラしていたのでした。

たしかに、はじまりは妻に対する悪口からでした。しかし、「代々続くT家のために世間に恥じないように生きなければいけない」という設定から、自分自身を苦しくさせていたのです。Tさんはその後、妻に自分の想いをすべて打ち明けたところ、「もっと早く言ってくれたらよかったのに」と泣きながら怒られたそうです。

私は、このような受講生の奇跡体験をたくさん聞いています。だからこそ、悪口をただの「悪」で終わらせてほしくないのです。

「悪口ノート」が、マイ神社になる

さて、そろそろ悪口もまんざらではないな……という気になってきたでしょうか？

「悪口ノート」は、あなたの心の中にあるすべての感情を包み込んでくれる存在です。神社のように、私たちの願望を受け止めてくれる場所なのです。

神社は日本中に数多くあり、正月や行事ごとに参拝し、賽銭箱の前で願いを神様に託すことが一般的です。

海外の人々は、神社がない代わりに教会で懺悔という習慣を持っています。懺悔は、自分の罪を神様と共有することで、神様はあなたを許すという教えがあります。神社も本来はそういう場所であり、祝詞の中には「罪穢れを祓えたまえ清めたまえ」という言葉があります。つまり、罪を認め、祓い清めることができる場所なのです。

悪口ノートはまさに「マイ神社」であり、ノートに書くことは神様に手を合わせ、心の汚れを祓ってもらうことと同じです。神棚がない人は、ノートを神棚にして、好きな神様の御朱印を貼り、祝詞をあげるように想いをすべてノートに綴ってください。これが禊《みそぎ》となります。

60代のＭさんは、ケンカすると夫が酔った勢いで決まって離婚の話をしてくるので、そのたびに深く傷ついていました。一生懸命からだに良い食事を作っても文句ばかり言ってくる。くだらないちょっかいを出してきてイライラする存在だとも話していました。

悪口ノートで自分と向き合っていくと「離婚」というワードに自分が過剰反応していることがわかりました。

じつは、Ｍさんとご主人は十五歳のときにも付き合っていました。当時、妊娠したことがきっかけで別れ、Ｍさんは捨てられたとショックを受けたのです。しかし、運命の再会をします。

Ｍさんは兄弟のなかで自分だけ母親が違うとも話していました。そのせいか、母親が自分にだけ厳しく、愛されるためには必死に頑張って尽くさなければいけないと思うようになったのです。

この経験から、Mさんは子どもの頃に得られなかった母親からの充分な愛情を、夫に尽くすことで満たしていたのでした。だけど、相手から感謝されないと「こんなにやってあげてるのに！」と怒りも感じていたのでした。

このことに気がついたMさんは、「今まではやってあげてるという上から目線の自分がいたけど、これからはやってあげたい、やらせていただくという気持ちになりました」と話していました。すると、ご主人の態度が急に優しくなり、今まではなかった優しい言葉をかけてくれるようになったそうです。

Mさんがやったことは、心の中に溜まっていた悪口を「正しいやり方でノートに書いた」だけ。過去の複雑に絡まった感情を整理し、いらない感情を祓っていくことで、子どもの頃の愛されたかった自分を見つけたのです。それを大人になった自分が、優しく包み込むように救いあげたことで、子どもの頃の自分と今の自分が救われて、心が軽くなり目の前の夫までも変えてしまった——。

そんな魔法のようなことができるのが、この悪口ノートなのです。

Part 2

悪口ノートに秘められた7つのメリット

～書くだけで潜在意識から変化が起きる

悪口がなぜ、潜在意識の扉を開くのか

人間の脳は、大脳皮質・大脳辺縁系・脳幹という3つの部分から成り立っています。大脳皮質は「人の脳」とも言われ、五感や運動、言葉や記憶、思考などをつかさどる部分です。大脳辺縁系は、喜怒哀楽などの感情を機能させています。そして、脳幹は、生命維持機能と言われていて、生きていくために「痛みを避ける」ことと「安心領域にとどまる」ことで、私たちが日常生活を安全に生きられるように機能しています。

とくに脳幹の、「痛みを避ける」という機能は、ネガティブな情報に強く反応するので、危険を回避することに長けていて、常に「痛いことをどうやって避けようか？」「嫌なことを避けるにはどうしたらいいだろうか？」を、本能的に考えています。だから私たちは、自然と放っておいても「こうなったらどうしよう？」「ああなったらどうしよう？」と繰り返し起こってもいない未来のことを心配し、「そうならないために、準備をしておこう」と不安からくる行動を起こしてしまうのです。

ということは、そのネガティブな思考がだんだんと潜在意識に刷り込まれて「**設定（思い込み、固定観念）**」を作っているということになります。ネガティブな思考を言語化したのが「悪口」だとすると、潜在意識に一番近い距離に「悪口」があるのです。

悪口ノートのステップは、**悪口を書いて感情を吐き出すところから始め、ネタ（実際に起こった出来事や事実）とガセネタ（本当かどうかわからないこと）に分けます**。ここで自分がガセネタで思考を支配されていたことにまず気づけます。すると、脳は「あれ？痛くない？」と勘違いしていたことにうっすら気づくのです。

次のステップ「**感情に3回以上ツッコミを入れる**」をすると、さらに溜まっていた感情の解放と自分でもわかっていなかった奥底の気持ちを理解できます。ツッコミを繰り返すと、潜在的に感じていた気持ちや考えが浮き出てくるのです。

さらに、潜在的な考えの中に**自分を苦しめている**「**設定**」**があるので、それを書き換えていく**と、縛られていた心がラクになり、そして、**最後のステップ**「**本当の願いを考える**」ことで、自然に心の底から自分の生きたい人生を導き出すことができるのです。

それでは、具体的にどんなメリットがあるのかご紹介していきますね。

Merit

1

書くことで自分と悪口を切り離せる

悪口は人間の心を巧みに操作し、心の隅々まで浸透し蝕《むしば》んでいきます。悪口を持ち続けると、自分と悪口が一体化したような気分になり、「自分が悪い人間だ」という誤った思考に陥ってしまいます。

そんな恐ろしい状況を打破するために存在するのが悪口ノート。ポジティブシンキングや陽転思考に頼り、悪口を無理やり無かったことにするのではなく、思ったままの悪口やネガティブな感情を書き出すことで、自分と悪口をいったん分離できるのです。

現代社会において、ストレスやネガティブな感情を完全に避けるのは困難ですから、悪口ノートは、心のデトックスの一種とも言えるでしょう。

悪口ノートに悪口やネガティブな感情を書き出すと、それらを自分の心から一度外に出して冷静に俯瞰することが可能になります。どんなに高ぶった感情もペンを持ちノートに書き始めると、次第に心が落ち着いてくるのです。すると、悪口を「別の存在として捉え直す」ことができ、自分自身を悪い人間だと思わず、新たな自己理解の喜びのツールに変わるのです。

私の受講生に世界的に活躍されてるヒーラーのＯさんがいます。とても献身的で人の役に立ちたいという思いに溢れた素敵な方です。たくさんの生徒さんにも尊敬されるＯさんですが、ネガティブな感情と向き合うことに恐れを感じていて、「悪口を書くなんて……」と最初は躊躇《ちゅうちょ》されていました。

書き始めると、今まで感じたことがなかった感覚が芽生えてきて、人の悪い部分にばかり目がいくようになって罪悪感を感じたり、こんなことを思う自分に自己嫌悪に陥ってしまうとおっしゃっていました。人の悪口を言うことを避けてきた方なので、Ｏさんにとって悪口を書くことは本当に苦しい作業だったのです。ですが、「成長したい！もっと良くなりたい！」という信念で、意を決して取り組んでくれたのです。今まで感じたことがなかった感覚が芽生えてきて、こんなことを話してくれました。

「今まで悪口を言うことを避けてきたのですが、ノートに書くことによって、人の悪い部分にばかり目がいくようになり罪悪感を感じます。こんなことを思う自分に自己嫌悪に陥ったりもしますが、書くとスッキリするんです。怒りに関しても、言葉を選ばずにそのまま出すのはよくないけど、言葉を選んで伝わるように配慮すれば、怒りの感情を持ったままでもいいんですね」

Oさんは、悪口ノートを書くことで、自分から悪口を切り離すことができ、悪口を言う自分と本当の自分との間に、明確な区別ができるようになったのです。それにより自己嫌悪から解放され、自分自身をより深く理解することができたと大変喜んでくださり、今では悪口ノートをご自身のセッションにも取り入れてくださっています。悪口仲間ができて、私もとっても嬉しいです。

悪口を書くことで、悪口に引きずられず、それがただの言葉であること、そしてそれが自分自身を定義するものではないことを理解することができたのではないでしょうか。

Merit 2

過去の記憶を呼び覚まし、悪口の根本原因がわかる

私たちの心の奥底では過去の出来事が常に影響を与え続けて、時間が経っても同じような悩みを抱えることがほとんどです。

この2つ目のメリットは、過去の出来事を見つめ直すことで、心の傷や悪口の元になる感情の根本原因を理解することができること。まるでタイムトラベルのように、悪口ノートを使って過去の自分に戻り、その時々の感情や出来事を検証することで、今の悩みや問題が何に起因しているのかを解明できるのです。

たとえば、同じような気持ちや感情になった過去の記憶をたどると、子どもの頃の出来事が浮かんでくることがあります。親や兄弟、祖父母などから言われた言葉やされた行動が、悪口やネガティブな感情の根本原因であることがわかってきます。この発見は、まるでパズルのピースがはまるように、心が軽くなる瞬間です。

クライアントのSさんも子どもの頃の父親との関係が、今の子どもとの関係に影響していると気がついたひとりです。

Sさんは、「家に帰ると不機嫌になり、子どもに怒《ど》鳴《な》ってしまうんです」と自分を責め続けていました。フルタイムで働いてるにもかかわらず、家事も完璧にこなさなければいけないと、家に帰れば休む暇もなく夫や子どもに夕食を三品も作っていたのです。

そんなSさんに悪口ノートを実践してもらったところ、子どもの頃にノートに「死ね死ね」と書くくらい許せなかった父親から受けた幼少期の言動を思い出したのです。

「俺の言うことが聞けないならこの家から出て行け」と言うのが口グセだった父親に、自分は愛されてないと思っていたそうです。母親もそんな父親に従い、完璧に家事をこなす人でした。

そのときのノートです。

お父さん。口の悪いわがまま人間。
そりゃ誰に対しても素のままだな。うらやましいわ。

でも自分の型にはめようとするのは、すごい嫌、おしつけ嫌。

父の昔からの口癖は、

「あいさつしないヤツはダメだ。はしの持ち方悪いヤツはダメだ。働いてないヤツはダメだ。筋が通ってないヤツはダメだ」だった。


そういえば、人生は楽しまなきゃってよく言ってた。

父は父の人生。私は私の人生を楽しめばいい。

何を思おうといい。「こうでなければいけない」と決めて型にはめているのは自分自身じゃん。


Sさんは父親を振り返ったことで、「私も母みたいに完璧な母親でいなければ愛されない」と自分を追い込んでいたと気がつきました。そして、同じことを子どもにもしてしまっていたことにも。

そこからSさんは、子どもや両親に自分の思いを打ち明け、助けを求めました。

「今日は疲れてるから納豆ごはんでいい？」と子どもに言えるようになりました。父親には「私が生まれたとき、嬉しかった？」と聞くこともできたそうです。父親は、恥ずかしそうに「嬉しかったよ」と答えてくれ、「子どもの頃の自分が救われたような気がした」と話していました。

過去の記憶を呼び覚まし、悪口の根本原因を理解するプロセスは、過去の悩みや傷を浄化し、心を軽くします。

しかし、このプロセスは簡単ではありません。自分の心の奥底にある傷や悩みと向き合うことは、まさに心の戦いだからです。

それでも、過去の記憶の中に取り残されていた当時の自分を救い出すと、ようやく新たなスタート地点に立つことができます。そのプロセスを経てこそ、前向きな未来を見据えることができるようになるのです。

Merit 3
子どもの頃の消化不良だった感情を昇華できる

「子どもの頃、ウルトラマンに憧れていたんです」と話すのは、いちごパフェのお店を決められない妻にイライラして悪口ノートを書いたTさんです（56ページ参照）。

T家の長男ということで、小さい頃から「お兄ちゃんだからしっかりしなさい。妹の面倒をちゃんと見てあげなさい」。おばあちゃんからも「T家を支えていくんやで」と言われ、自分はウルトラマンみたいにT家のヒーローでなくちゃならないし、不名誉なことで、代々続いてきたT家の名に泥をぬってはいけないと思うようになりました。

また、学生時代はハンドボールやテニスに打ち込んでいたTさん。常に周りから見られてる感覚があり、失敗を見せられないと自分にプレッシャーをかけていたので、ここぞというときに力を発揮できずに万年ベンチでした。大学受験でも本番で力が出せず、なんとか第三志望の大学に入れたものの、親に迷惑をかけてしまったとも話していました。

「自分って全然ダメだな」と諦めていましたが、どこかで変わりたい、自分はこんなもんじゃないとも思っていたのでした。

Tさんが書いた悪口ノート

劣等感、無価値感を感じ始めたのはいつから？
中学校くらいから部活や勉強
レギュラーになってキラキラしてる人を見て、羨ましい
自分は頑張ってるつもりだけど追いつけない

両親からは
お兄ちゃんだからしっかりしなさい　妹の面倒をちゃんと見てあげなさい
おばあちゃんからも
T家を支えていくんやで　そういうふうに生きていくんだなと思った

悪口ノートは、過去の記憶を呼び覚まして題材として扱うと言いました。悪口の根本原因は、子どもの頃の未消化になってしまった感情にあります。さて、メリット3つ目に進みます。悪口ノートの真価は、ここからさらに、自分の本当の願いを見つけ、その消化不良だった感情を癒す力にあるのです。

子どもの頃の自分と再会し、そのネガティブな感情に対峙するとき、さらに深く問いかけます。

「本当は、何を言ってほしかった？」
「本当は、どうしてほしかった？」
「本当は、何を言いたかった？」
「本当は、どうしたかった？」

この過程で、言われたかった言葉、言いたかった言葉、望んでいた行為、そしてやりたかったことが浮かびあがってきます。

正直、初めてお会いしたときのTさんはパッとしない印象でした。メガネをかけて髪型や服装にもあまり気を使ってない様子。しかし、悪口ノートのセッションで子どもの頃に感じていた想いを吐き出すようになると、みるみると外見まで変わっていきました。

学生時代から、何かに真剣に取り組むことはカッコ悪いと思う自分を変えたかったTさんは、同期の受講生に率先して声をかけ、話を聞いたり、悪口ノートにも真剣に取り組んだりしてくれました。

「本当は俺、アオハル（青春）がしたかったんだ」と恥ずかしげもなくくさいことを言うTさんに、私が笑い転げたのは言うまでもありません。

関西に住んでいるTさんは、同期の仲間が集まろうと言えば、ウルトラマンのように率先して飛んで来てくれます。

このように、悪口ノートは心の奥底にある願いや欲求を見つけ出し、それを実現するための道筋を示す効果があるのです。自分の感情や願望に正直に向き合い、その消化不良だった感情を解消することで、性格までも変化するので、人生が好転することなんて十分に可能なのです。

Merit 4

自分の思考や反応パターンに気がつける

人間の行動の大本は思考の「クセ」から始まります。

4つ目のメリットは、あなたの思考や反応パターンに気がつけるということです。

自分の人生が上手くいかないことを繰り返していると思ったら、「変えよう！」と行動を起こす前に、自分自身にはどんな思考や反応のクセがあるかを知る必要があります。

でも、もはや反応パターンにまでなっていると、自己診断はほぼ不可能。お箸の持ち方と同じで、自分では気づけないほど「当たり前」になっているからです。

私の場合、何回ノートをやっても、「不本意なのに一旦、従ってしまって、後々、その不満が爆発する」という強烈なクセがありました。

ある日、旅先のパーキングエリアで事件は起きました。ドライバーが時間を気にするタイプの男性で、さっと昼食を済ませたいと駐車するやいなや、蕎麦の券売機の前に立って、自分のかき揚げ蕎麦を注文し、「きよちゃんも蕎麦でいいよねー？」と手招きをし、その男性はそそくさと蕎麦のチケットをカウンターに持って行き、テーブルで蕎麦を待っていました。私は条件反射的に券売機の前にいき、蕎麦のボタンに指を差し出した状態で、しばらく静止していました。

すると、私の様子を見ていた男性が「きよちゃん！　蕎麦じゃなくていいからね！」と言ってきたのです。

私は、蕎麦のボタンを押す寸前の指先を見つめた状態でハッとしたのです。

「私が食べたいのは蕎麦じゃない！」

そして、我に返ったようにパーキングエリアを見渡し、自分が本当に食べたいものを食べたのでした。

その日の夜、ノートにこの件について書きました。

「悪口ノート」では、書いた後に自分の気持ちにツッコミを入れます。たとえば、こんな感じです。

なんで蕎麦食べたくないのに、食べようとしたんだろう？
モヤモヤしながらかき揚げ蕎麦を買おうとしたのはどうしてなんだろう？
時間なかったから焦ったのと、Sさんに言われたから。

【ツッコミ】**どうして焦りを感じたの？**
早くしないとみんなに迷惑がかかるのが嫌。だから言われた通りにしといたほうがいい。

【ツッコミ】**どうして迷惑かかるのが嫌だと感じたの？**
怒られたくないから。

【ツッコミ】**どうして怒られたくないと感じたの？**
怖いから。父がせっかちで「早くしろ！」とよく言っていて、遅いと怒られてた。だから、父の言うことにしたがっといたほうが怒られなかった。

ここで、父から言われていた言葉を思い出しました。もたもたしてると機嫌が悪くなる父の顔色を見ていたことを思い出し、こんなところに影響してたのかと驚きました。

これが1章でも書いた自分を左右している「設定」です！　「悪口ノート」では、自分の「設定」に気づき、必要に応じて「設定」についてもツッコミます。そして、「設定」を書き換えて、本当の願いを見つけ出すのです。こんな感じです。

【設定】**言う通りにしないと怒られる**

【ツッコミ】**この設定どう思う？……**もう大人やん。誰も怒らないよ。

【設定の書き換え】**言う通りにしなくていい**

【本当の願い】

本当はどう在りたい？……「自分の意思で好きなように選択できる私で在りたい」

本当はどうしたい?……「同じような場面になったとき、好きなほうを選んでいいよと自分に声をかける」

私は、「いったん、従う」という自分のパターンに気づくことができました。このパターンがすべて悪いとは言いませんが、私の場合は、自分からいったん従ったにもかかわらず、納得がいかないと不機嫌になり、家族やパートナーに八つ当たりをすることがのちのちあるのです。それもあって、絶対に直したい反応のパターンでした。

思考は無意識に過去の記憶から、いまの選択をしようとします。思考や条件反射で反応した行動をそのままにしておくと、ずっと繰り返すことにもなりかねません。もし、自分が後悔するような行動がやめられないときは、どんなに小さい出来事でも必ず書きだすようにしてください。すると、自分を不幸にしてしまう思考パターンに気づけます。

これができていたら、父もきっと巨人が負けてもテレビを投げずにすむので、私たちきょうだいも八つ当たりの被害にあわずにすんだことでしょう。父には、天国で悪口ノートを書いて反省してほしいものですね。

Merit

5

感情浄化で八つ当たりを防げる

ああ、人間関係というのは本当に面倒なもので、常に感情のつまった爆弾を抱えているようなものです。それにもし火がつくと、大爆発を起こして被害が広がります。

そうならないために必要なのは、「感情の浄化」です。

この世界の争いやケンカのほとんどは、感情が心の中で行き場を失って抑圧されている状態から生まれたものです。常に爆弾を発射できる機会をうかがっていて、無意識に不満をぶつけられる相手を探して罠を仕掛けているのです。

そして、相手がまんまとその罠にかかろうものなら、溜め込んでいた感情の出口がようやく見つかったと言わんばかりに、とめどなく感情を相手にぶつけてしまいます。すると、ぶつけられた相手も実は、内側に溜め込んでいた感情があった場合は、チャーンス到来！　とばかりに応戦をし始めます。

感情からすると、ずっと心の牢屋に閉じ込められて脱出する機会をうかがっていたわけですから、お互いにようやく「出所できました！」と喜びの瞬間です。本来なら出所祝いを互いにあげたいところですが、現実はそうはいきません。

結局、相手から受け取ってしまった負の感情をまた溜め込んで、「この人とは合わない」「この人、もう無理！」と、大きな壁を作って二度と開かない扉を作ってしまうのです。本当にそんな結果を望んでいたのでしょうか？　違いますよね。

そんなときに悪口ノートが本当に役に立ちます。私自身もノートが感情の捌《は》け口になってくれたことで、感情まかせに相手に不満をぶつけることがなくなりました。感情を書き綴ったあと、心はスッキリ。自己反省もでき、むしろ謝罪すらしたくなる。本当に望んでいた関係を築くチャンスが生まれます。

巨人が負けて父の八つ当たりの被害にあっていた私ですが、私の娘たちは私の八つ当たりの被害にあっていました。まさに、八つ当たりのループです……。

あるとき、同居していた義理の母に「サバの味噌煮が生臭くて食えない」と臭いをかいだだけでひと口も箸をつけずつき返されました。さすがにこのときばかりは、「クソババー、だったら自分で作れよ」とサバの味噌煮を、皿ごとキッチンのシンクに泣きながら叩きつけたのです（義理の母の部屋とキッチンが離れててよかった……）。

そして、怒り泣きしながら「そんなにママの作ったお魚くさい？」と、娘たちに聞きました。さすがにこの状況で、くさいとは口が裂けても言えないと思ったのか、「美味しいよ、ママの作ったおさかな」と口をそろえて言うのです。私が八つ当たりをして感情をぶつけてるのに、なんて優しい娘たちなんだと今度は嬉しくて泣きました。

そのあと、いつものように、この一連のできごとを悪口ノートに書き、（ノート上で）義理の母をボコボコにしたのは言うまでもありません。きっとこれが現実化してたら、「姑の介護を苦に、嫁が姑を殺害か」というタイトルでニュース速報が流れるでしょう。

ここで話は終わりかと思いきや終わらないのが悪口ノート。

このあと私は、自分が作ったサバの味噌煮の作り方のどこがいけなかったのか？　を義理の母に聞こうと思えたのです。もともと料理は得意で自信がありました。だから、指摘に余計に腹が立ったのです。でも、本当はもっと料理が上手になりたいと思っていることがノートを書いていくとわかりました。これは義母にどうすればよかったのかを素直に聞く必要があると思い直し、「ねぇ、ばぁちゃん。どうしたら臭みがとれるの？」と聞くと、「もっと生姜をたくさん入れたらいいんだよ」と教えてくれました。

たったそれだけのことか。私は生姜の量が足りないだけで、危うく義理の母を殺害するところでした。

また、悪口ノートを続けていると、自分の心境が手にとるようにわかってきます。ですから、自分の心境を、ちゃんと言葉で伝えられるようになりました。

たとえば、生理でからだが重くてごはんを作りたくないときは、「ママ、今日は生理でイライラしてるから、ごはん作りたくないいんだけど、どうしたらいい？」と娘たちに相談ができたりします。夫とケンカしたときも「パパとケンカして気分が悪いんだ」と、普通の会話として表現できるようになるんです。

ノートに書いて整理することで、感情をため込むことがなくなりました。おかげで私は、父から受け継いだ、八つ当たりのループから抜け出すことができました。

感情をノートに書き出すときは、その瞬間から感情の浄化が始まっていると思ってください。そして、それを続けていると、ある日気がついたら、自分が他人に感情をぶつけることがなくなり、心からの穏やかな生活が始まっていることに気づくでしょう。

Merit

6

悪口分解すると本当に言いたいことが見えてくる

自分の意見や願いを相手にしっかり言葉で伝えられ、その願いを実現できますか？

自分の意見や願いを伝えられていると思っていたつもりが、それは本当の願いではなかったことに、私は悪口分解をして気づきました。これには驚愕しました。

心の中にある漠然とした悪口を抱えて自分の意見を伝えると、その言葉は、表面上は意見を伝えているように見えても、その背後にあるエネルギーは不満や否定に満ちています。結果的に相手に伝わるのは言葉そのものではなく、その負のエネルギーです。

「申し訳ありませんでした」と言われても、内心では「そんなこと、全然思ってないよね？」と感じてしまう、そんな経験はありませんか？

しかし、悪口ノートでさまざまな悪口を書いていくと、だんだん悪口そのものが分解されていきます。全体的にムカつくと思っていたことも、「この件に関しては確かにムカつくけど、実は私はただ認めてほしかっただけだった」と気づくことがあるのです。

たとえば、「あなたはいつも仕事ばかり優先して！　私と仕事、どっちが大事なの？」という争いをしてるカップルの例から悪口分解の手順を見てみましょう。

「いつもケンジは私との約束を直前になって仕事だからと言ってキャンセルしてくる！　そんなに仕事が大事なら仕事と付き合えば！　ばーか！　なんでこんな自分を大事にしてくれない人と付き合ってしまったんだろう。本当につらい……別れるのもつらい、しんどい」という心の叫びがノートに書かれていたとします。

この悪口を分解していくと、本当に言いたいことは何だと思いますか？　また、そこからどんな意見が生まれてくると思いますか？　あなたも練習がてら一緒に考えてみてください。

私が悪口分解すると、最終的に「結局、私はケンジとのデートを楽しみにしていたんだ」という本当の願いに辿り着きます。だとすると、「私と仕事、どっちが大事なの？」

という問いは、本当に言いたいと言えるのでしょうか？

分解を進めることで初めて見えてくるのは「本当の願い」と、それを実現するための「意見や提案」です。

たとえば、こんなふうに。「私、あなたとのデートをとても楽しみにしてたの。だから、キャンセルされると正直悲しい。でも、あなたが仕事を大切にしていることも理解しているつもり。だから、次はふたりで楽しく過ごせるように、どうすればいいか一緒に考えてほしいの」という具体的な提案に変えることができるのです。

今までは、「どっちを選ぶの？」という攻撃的な意見だったものが、「どうすれば両方大切にできるのか？」という建設的で平和な意見へと変換することができます。そうすると、ケンジも自身の状況を理解してくれていると感じるはずなので、嫌な気はしないのではないでしょうか。もしかしたら、事前に余裕を持った仕事のスケジュールを組んでくれたり、周囲に協力を求めてくれたりするようになるかもしれませんよね。

このスキルを磨くことで、自分の本当の願いに気づく速度が速まり、それを相手に伝え、実現するスピードも格段に上がるはずです。

Merit 7
すべての感情を平等に扱えるようになる

『インサイド・ヘッド』という映画があります。

人間の頭の中に擬人化された喜怒哀楽の感情たちが登場し、彼らがコントロールパネルを操作することで主人公の少女がさまざまな感情を経験する、という映画です。まさにこの章で伝えたいことなので、もしご興味があればご覧ください。感情というものがどれも大切で、どれも平等に扱われるべきだとあらためて強く認識させてもらいました。


多くの人は、ポジティブな感情だけをできるだけ感じたく、ネガティブな感情にはできるだけフタをしようとします。でも、すべての感情が私たちの大切な一部分です。

私は怒っていいと思っているから、怒っている人を見ても平気です。悲しんでいいと思っているから、悲しんでいる人を見ても受け入れられます。そして怒らせてあげられるし、悲しませてあげることができるのです。

しかし、それを耐えられない人が、早急な解決案やアドバイスをしてしまいます。悲しませないような解決案、怒らせないようなアドバイス。これはもはや怒りや悲しみからしたら、とんだ仕打ちでしかありません。完全に否定されているようなものです。そうするとその場しのぎの解決がなされるので、ネガティブな感情はまた奥にしまわれてしまい、不本意な形で現実に現われようとするのです。そして、それによって思わぬ行動をとることになるのです。

ぜひ、悪口ノートにあらゆる感情を優劣をつけずに書き出して、そのすべてを受け入れるように感じてください。慣れてくるとだんだんと本当に我が子のように可愛くなってきますよ。

「あ！　また怒りちゃんが出てきたのねー、もう可愛いわねー、はいはいよしよし、そりゃ嫌だったよねー、わかるわかる」といった感じで子どもをあやすように自分の感情をあやすことができるようになってきます。

そうすると怒りちゃん自身もだんだんと癒されて、笑顔になるんです。

「てへ、また怒っちゃった！　てへ、また悲しんじゃった」というように。どうですか？

可愛く見えてきませんか？

今までは喜びくんや、楽しみくんにずっと嫉妬をしていた感情たちですから、悪口ノートに取り組み始めると、まぁ出るわ出るわで止まらない人も多いです。また、そのプロセスに慣れていないので、しんどいこともあるかと思います。


あるクライアントのエピソードをご紹介します。

実母が自殺してしまった彼女は、その事実を隠すようにと親戚から言われていました。

彼女は、亡くなった母親への深い悲しみだけがあったと信じていました。大好きだった母親が自殺したことについて怒りなんてあるわけないと思っていました。さらに、親戚に対する怒りにはフタをし続けていたのです。

でも、怒りちゃんからのサインはちゃんとあったのです。その抑圧された怒りが一気に爆発し、彼女は家族を驚かせるほど激怒する姿を見せることがありました。その後、彼女は自己嫌悪に陥り、一層強く感情を抑圧するようになりました。

そして、悪口ノートに出合い、取り組むわけですが、最初は本当につらそうでした。ずっと感じたくないこと、むしろ無いものにしていた感情を見ていく作業をするわけですから、涙腺が崩壊して、ノートに書くたびに泣いてしまっていたそうです。

しかし、彼女は諦めませんでした。しっかりと一つひとつの感情を丁寧に感じ、平等に扱ってきました。すると、世界が一気に変わったのです。息子さんとも「怒り」について話をしたときに、「怒っていいんだよ」と優しい言葉をかけてもらえたと言います。

そして、随分とラクになったそうです。

すべての感情を自分自身で受け入れられるようになると、他人が抱くさまざまな感情にも対応できるようになります。他人の怒りや悲しみに対して、無理に解決策を探すのではなく、その感情をそのまま受け入れ、共感することができるようになるのです。

それは、他人との対等な関係を築けるということでもあります。

彼女の体験は、大切な教訓です。すべての感情を平等に扱うことは、自己理解を深め、人間関係を円滑にし、より健康的な心の状態を保つことにつながるのです。

Part 3

「魔法の悪口ノート」の始め方

～【準備編】用意するものと、最初に知っておきたいこと

「魔法の悪口ノート」4つのステップ

ざっくり手順はこんな感じです

STEP 1

悪口を書き、ネタとガセネタを分ける

ネタとは、実際に起こった出来事、事実。ガセネタとは本当かどうかわからないこと。

現状を見るためには、自分が考えてることや思ってることを書き出して整理していく必要がありります。頭の中でぼんやりと考えていることや、何度も思い出してしまう嫌な人や出来事、感情などを書き出し、きちんと区別して状況と自分の脳内を捉えていきます。

STEP 2

感情に3回以上ツッコミを入れる

ツッコミを入れるとは、自分が感じている感情に「なんで?」と質問すること。

自分が感じているネガティブな感情に対して、「なんで？」「どうして？」としつこく自問自答を最低3回は繰り返してください。

STEP 3 設定を探して書き換える

設定とは、潜在意識で思い込んでいること、固定観念のこと。

自分自身がどんな設定（思い込み、固定観念）があるのかを探していきます。見つかったらその設定を好みの言葉に書き換えていきます。

STEP 4 本当の願いを書く

本当の願いとは、本当の自分の声、魂の声のこと。

本当はどう在りたい？　自分の理想の姿を想像して、気持ちと行動まで書いていきます。

魔法の悪口ノートの作り方 1

お気に入りのノートを用意する

私が高級ノート「モレスキン」にこだわる理由

「さきこさんが使ってるノートなら私も使う♡」と浮かれた足取りでロフトに向かったのは、リフォームの見積もりが書かれたコピー用紙の裏紙を、カッターで4等分に切り、上側を大きなクリップで留めてメモ帳代わりにしていた過去の私です。

三千円以上もする高級ノート「モレスキン」を、あっさりと取り入れたのは、藤本さきこさんがモレスキンノートに自分の想いを書き綴り、月収10万円の貧乏シングルマザーから月収１４００万円の実業家に変貌を遂げたブログを目にしたのがきっかけでした。

さきこさんは、同い年でシングルマザー。なぜこんなにも人生を好転させられたんだろう？　その謎を解明したくてたまりませんでした。今で言う「推し活」並みに、さきこさんの行くところに石川清美ありと言わんばかりに登場していた次第です。

ですから、こだわる理由は「推し」が使ってたから。と言いたいところですが、使い続けるうちにモレスキンの凄さを感じています。

私は、モレスキンの中でも特に、ハードカバーのラージサイズ（無地）を選ぶことが多いです。理由は、おばあちゃんになっても本棚に飾っておけるくらい長持ちしそうだから。ラージサイズは、縦横の長さの比率が「１：１・６１８」、人間が最も美しいと感じる黄金比。どうせなら美しさを感じられるものがいいということで、ラージサイズを選んでいます。また、無地を選ぶ理由は、ノートの中で制限なく自由であることを練習する場所にしたいからです。

さらに、高級感あふれる表紙、しっかりとした紙質、一冊一冊に丁寧な仕立てが感じられて、書くたびに自分自身を大切に扱えてることが実感できます。モレスキンに自分の感情を書くことは、自分の感情をモレスキンと対等な高級なものとして扱うことと同じです。悪口すらも高級なモレスキンと同等な扱いができる世界を、皆さんにも体験してほしいのです。

モレスキン以外でもＯＫですが、できたら千円以上するものがオススメです。ただし、リングノートはＮＧ（見開きで使うのでリングが手に当たり書きづらいため）。

ノートを用意したら次は、感じた思いや考えを書くためのペンが必要となります。

魔法の悪口ノートの作り方 2

ペンもこだわって用意する

3色ボールペンで色分けし、認識の境界を作る

あまりの腹立たしさに右手で握っていたペンを、高級なモレスキンノートに突き刺したあげく横に引いたことがあります。さすがにそのときは、ペンがノートの紙２枚にも渡り貫通、ビリッと破れ、ペン先がぐにゃっと曲がりました。私は、モレスキンとペンのおかげで殺人を犯さずに済んでいるのかも。

こんなにも重大な役割を担ってくれているペンが、ＰＩＬＯＴ『ハイテックＣコレト３色用』です。私が使っている３色は、ブルーブラック、ブルー、ピンクです。色に関しては、ただただ私の好みです。

ブルーブラックで悪口などの本文を書き、ネタはブルーを使って〈〉で閉じ、ガセネタにアンダーラインをピンクで引きます。あえて３色で色分けしているのは、ノートに書きながらネタとガセネタをしっかり色で覚えて認識していくためです。

私は、リフォーム会社時代に10年間で約2万室以上のお部屋を見てきました。私がデザインを手がけた空室のお部屋はあっという間に入居が決まり、ありがたいことに業界新聞やテレビにも取り上げられましたが、そのときに意識していたのは、玄関を開けたときにパッと目に入る色合いでした。お部屋のテーマカラーを「３色」と決めて、その色をベースにデザインを考えていました。これによって深く記憶に刻まれることを知っていたこともあり、この独自の理論を悪口ノートのメソッドにも活用したのです。

そして、「３色境界線理論」と名付け、ネタとガセネタを色で認識するトレーニングしているのです。

悪口ノートを始めて8年が経ちますが、私の脳内では普段の会話が色で見えてくるようになりました。ネタがブルーの〈〉。ガセネタがピンクのラインだとしたら、憶測や妄想で会話をしているとピンクのラインが見えてきます。とは言え、これは8年も続けた私だからこそできる技。これから始める人が、脳内ノートの真似をするのは危険です。

ペンはお好みでOKですが、選ぶ際には、どんな文字も引っかかりなく書けるようにカタカナ、ひらがな、漢字で試し書きすること。ペンの書き味が自分の手とマッチして気持ちがスムーズに、そしてなめらかに書けるものがベストです。

「魔法の悪口ノート」を書くときの9つの儀式

ネガティブな感情が湧いてノートに書き殴っていると、「あ！ ノートが最後のページになってしまった」となることがあります。そのとき慌てて新品のノートに書き始めるのだけはやめてください。このときばかりは、感情を優先させずにこの儀式をおこなってから書き始めてほしいのです。

儀式1

書き始めと書き終わりには必ず日付を書く

新品のノートにペンを用意したら、まず最初にやってほしいことは、表紙を開いた最

初のページに使い始めた日付を書くことです。

例「２０２３年６月９日〜」というように書いてください。

そのときに、心の中で「さあ！　これからこのノートに私の大切な想いをたくさん書きます。すべてを受けとめてくれるノートさん、どうぞよろしくお願いします」と唱えてあいさつをしてほしいのです。もちろん唱えるだけでなく実際にノートに書いてもらってもかまいません。

１章でノートはマイ神社だと言いました。日付を書くときは、ノートの神様に参拝のご挨拶をすると思って取り組んでみてください。

ですから、ノートを最後まで書き終えた日は、その日付を「２０２３年６月９日〜２０２３年９月６日」と書き足してから、次の新しいノートに進んでください。もうお分かりかとは思いますが、日付を書くときには、「たくさん悪口を書いたけど、すべて受けとめてくれてありがとう♡」とお礼を伝えてくださいね。

儀式2

ノートは、常に肌身離さず自分の近くに置いておく

私はいま、家で仕事をすることが多いので、ノートは常にキッチンカウンターの上に、その日に書くページを開いた状態で置いています。ペンも、ノートを開いた真ん中に転がらないように置いて、いつでもすぐに感情が湧いたときに書けるようにしています。

「家族に見られたりしないんですか？」と聞かれることもありますが、見られてもいいと思っているので気にしていません。むしろ、次女や三女とは互いのノートの内容をシェアするので、見られたところで「やっぱりな」となるだけです。

とは言え、そんな家族はめずらしいはずなので、どうしても見られたくない人はご自身で置き場などを作って保管してくださいね。オススメは本棚に紛れさせておくこと。わかりづらいからです（責任は持てませんが！）。

そして、出かけるときは必ずバッグに入れ、仕事でも遊びでも旅先にも肌身離さずノートを一緒に連れて行きます。私にとってノートはパートナーと同じくらい大切なもの。

ですから、ノートを忘れてしまったことに気づいた瞬間、彼に置いてきぼりにされたような気持ちになります。

出かけた先で嫌なことがあり、すぐにノートが書けないときでも、「あー、イラつくなー」と感じながらも、「あとでノートに書けばいっか」とすぐに頭の中を切り替えることができるので、ノートは私にとって神社のお守りのようなものになっているのです。

儀式3

デイリーノートは見開きで書き始める

悪口ノートはデイリーノートとして毎日つけてください。「さぁ！　ノートを書くぞ！」と張り切ってペンを持ったら、その日ごとに見開き1ページの状態を作ってください。私が見開きにこだわっているのは、自由に書ける範囲を広くするためと全体が一瞬で見渡せるから。ノートに書くときまで自分自身に窮屈さを感じさせたくないのです。のびのびと枠をはみ出して自由に書かせてあげることもまた、心の解放につながります。

また、あえて全体を見渡せるようにすることも、高い視点から視野をひろげて物事を見る訓練です。不平不満や悪口を言いたくなるのは、大抵の場合、考え方が固執して視野が狭くなり、何かを強烈に思い込んでいるときです。そんな状態の自分に気づきやすくするために、見開き1ページに書くことにこだわっているのです。

物事を俯瞰《ふかん》して捉えられるようになると、ノートを書いていないときでも、頭の中にノートをイメージしながら書けるようにもなります。脳内悪口ノートができたら上級者です。

ノートを書き始めるとき、日付を左上に書くところから始めます。

私の場合、日付スタンプを押して書いています。スタンプがない場合は、手書きでもかまいませんが、好きなスタンプを購入してみるのもオススメです。

1日という時間はあなたのいのちそのもの、人生そのもの。今日という日はどんな出来事があって、それによってどう感じて、どんな選択をしてきたのか。このプロセスそのものが人生の価値であり、生まれてきた意味でもあります。とてもとても大切な時間に感謝を込めて、日付を書いてみてください。

儀式4

頭の中に浮かんだことをそのまま書く

「清美さん、いま頭の中にあることを書こうとしても手が止まってしまいます」

親の言うことをよく聞き、まじめに生きてきた人からしたら、汚い言葉や悪口が浮かんだとしても、それをそのまま書くことができないのは仕方がないことです。

じつは、私自身は抵抗なく悪口を書ける人でした。しかし、悪口ノートを教える中で、頭に浮かんだ悪口をそのまま書くことに抵抗がある人がとても多いことに驚きました。「みんな簡単に悪口書けないもんなんだ」とカルチャーショックすら受けたほどです。

ですから、悪口ノートに取り組むことを、あえて「儀式」ということにしました。それによって、心理的負担が少しでも小さくなることを願います。

では、どうして頭の中に浮かんだことをそのまま書くことが重要なのでしょうか？

それは、常に頭の中で繰り広げられている会話を観察し分析をするためです。自分の頭の中の会話をじっくりと聞いてみることに意識を向けると、独自の傾向性があること

がわかります。

たとえばそれは、夫や子どものことから発生する言葉。「あー面倒くさい、それくらい自分でやってよね」「少しは茶碗洗ったり、子どもが泣いたら抱っこくらいしてよ」「うるさいなー、子どもだからって泣けばいいと思わないで」。

また、職場では上司や同僚、部下やお客様との関わりで発生する言葉。「この人また、ミスを人のせいにした。最悪なんだけど」「気が利くなー、それに比べて私はダメだわ」「言われたこともできないの？　ホント使えない」「お客だからって偉そうなんだよ」。

1日の中であなたが常に頭の中で会話してる内容には、生活環境が影響しているからです。驚くほど毎日同じようなことを考えていることに気づけるはず。

ただ書くだけなのにペンが止まって何も出てこない人は、無意識にふだんから「どう見られているか」「世間体」「常識」という他人の目を気にして、それらに縛られているということです。

がんじがらめの自分を解放していく練習として、次の儀式から始めてみてください。

儀式5

書き始めは「バカ！ クソ！ ムカつく！」など、汚い言葉から

頭の中に浮かんだ悪口をそのまま書き始めてくださいと言いましたが、どうしても書けないという人に朗報です！

とりあえず、ひと言で自分の感情を表すところから始めてみてください。


「なんかイライラするなー、もう」

「腹立つなー」

「もうー、何なの！」

「あーもう！　疲れた」

「なんかモヤモヤする」

「バカ、バカ、バカ、バカ！」

こんな感じで、高ぶっている気持ちを無理に整理して抑えようとせずに、ノートをもうひとりの自分だと思って、ドンとぶつけてみてください。しかし、それすらも抵抗がある人は、「うー」「くーっ」「ぐおー」などの謎の擬音語を書き始めるのもありですよ。日記のような出来事の説明書きから始めると、ますますイライラが募ったり思考がグルグルするかもしれないので、具体的な内容の説明は気分が落ち着いてからにしましょう。説明しようという意識が入った瞬間に、せっかく湧いてきた大切な感情を見過ごしてしまっては元も子もありません。書き始めは、感情の赴くままに思考を介さず言葉にして解放してほしいのです。

儀式6 相手の名前もちゃんと書く

悪口を書くことを克服しようとしているあなたに、何とも恐ろしい儀式があります。

もし、あなたの頭の中にむかつく相手の名前がポンッと浮かんでしまったら、残念で

すが、それもそのまま書きましょう。しかも、あえて呼び捨てで書くのです。最初は躊躇《ちゅうちょ》しながら、「えー、いいんですか？」と言っていても、回数を重ねていくうちに「快感になってきますね」と言うほどの魔力を持っているのが、呼び捨てです。ものすごく腹が立ったときは、目上の人、お客様、友人、両親であろうと、「○○！」と呼び捨てしたくなるのも当然です。いちいち「さん」や「くん」や「ちゃん」、ましてや「様」なんて付けてる余裕なんてありません。私は「クソじじい！」「クソガキ！」などと書くので、呼び捨てくらいは可愛いもの。「女性の口からそんなに汚い言葉を聞くのは、きよちゃんが初めて」と男性に言われる始末です。上には上がいるのでご安心を。

あえて「呼び捨て」で名前を書くことには、深い理由があります。

年齢や立場が上の人を自分と同じ目線までおろしてくることができるからです。呼び捨てにした瞬間から対等な立場になった感覚が芽生えるので、悪口が書きやすくなります。

今まで「自分より偉い人にそんな言葉を使うなんてよくない」と自分の感情を抑え込んできたかもしれませんが、ノートの中では、対等な関係でもよいのです。

逆に、自分と同等な立場や年下、子どもたちなどは呼び捨てしやすいのではないでしょうか。

ここで呼び捨てにする目的は、自分の視点を高く持っていくこと。相手と同じ目線になって腹を立てている自分に気がつくためです。

「もし、自分がもっと立場が上で年齢も離れていたとしたら、そんなに腹を立てているのだろうか？」

この問いを自分に投げかけやすくするために呼び捨てで書き、俯瞰してみる冷静さを鍛えていきます。

そして、相手の名前を書くことは、その人のことを深く考えるきっかけにもなります。名前を書くとその人に意識を集中させるので、今までの関係を振り返ったりと思いを巡らせるいい時間となります。ぜひドキドキしながらもあえて呼び捨てにチャレンジしてみてください。

儀式7 キレイな字やキレイな羅列で書こうとしない

「元旦那への殺意」という火曜サスペンス劇場を匂わすタイトルで、悪口をノートに書いてくれたNさんは、離婚した元夫のことが憎すぎて、「目ん玉潰して死刑や。息子に土下座せー」ととてもキレイな字で書いていました。

そのノートの美しい字を見たとき、私は「この人を敵に回すようなことだけは絶対にせんとこう」と命の危険を感じたほどです。

人の感情は文字に出ます。こんなにもキレイな字で線からはみ出さずに書いてるのに、Nさんが書いた文字から感じるのは、やはり怒りでした。しかし、その奥には真面目で潔癖で正義感の強さも感じました。だからこそNさんには、ノートの中だけでも、もっと感情をさらけ出し、自分を解放してほしいと思いました。

三千円以上もする高級なノートを目の前にすると、おりこうさんになろうとするのは人間のサガです。国語の時間に、漢字を枠からはみ出さないようキレイな字で書くことを長年教わってきたのですから仕方ありません。キレイに整理して書くことで、秩序を乱さず他人と共同で何かをおこなう能力が磨かれていくものです。しかし、そのせいで私たちは自由に表現することや他の人と違うことをすることに、罪悪感を感じて無意識にブレーキをかけてしまうようにもなるのです。

自分の気持ちや考えをまわりに伝えることに苦手意識がある人は、ノートの中でキレイに書こうとせず、枠からはみ出すこと、秩序を乱すことを体験してほしいのです。ブロックされた意識を解放するために。

儀式8 最後まで書けないときは途中でやめてもいい

私は、1ヶ月に一回しかやらないときもあるヨガを、あたかも毎日やっているかのように「習慣にしてます」と言います。それは、私の運動習慣の設定を「月一回やったら

続けてることとする」と、とってもイージーモードに自分勝手に決めているからです。

何をやっても続けられず、途中で飽きてしまうあなたにこそ読んでほしい内容です。

私の講座では、「Facebookグループで悪口ノートをみんなでシェアしていきます。そうするとやはりここでもノートをシェアする人としない人で分かれるのですが、しない人にある共通の理由がありました。

それは、メソッド通りに最後まで書けてないから見せられないという理由でした。

「書けないときは途中でやめてもいいですからね」と伝えているにもかかわらず、決めたことはちゃんと最後までやりとげなければいけない、中途半端な状態はよくないという世間の常識を採用するのです。

途中でやめることは、中途半端だと感じてしまう自分を許していく訓練でもあるので、ただ日付を書くだけでもいいという許可を自分にしてあげてください。

儀式9

悪口を書いた最後に「♡」をつける

ノートに散々、大好きな彼の悪口を書いてしまったあと、なんだか罪悪感を覚えてしまうこともあります。「こんなひどいこと書いちゃった……。私って本当に性格悪くてダメな人間なのかも」。こんなことを感じてしまったときは、すかさず悪口の言葉の語尾に「♡」をつけてほしいのです。

「あームカつく♡」
「ほんとに大嫌い♡」
「目ん玉くり抜いてぶっ潰してやる♡」
「クソ親父♡ふざけんな♡」

なんでもかんでも汚い言葉のあとには「♡」をつけて乱用していきます。

ここで「！」のマークを使った悪口の印象と「♡」を使った悪口の印象を見比べてみてください。


「あームカつく！」

「ほんとに大嫌い！」

「目ん玉くり抜いてぶっ潰してやる！」

「クソ親父、ふざけんな！」


いかがでしょう。なんだか「♡」を語尾につけるだけで、悪口の印象がかるくなりませんか？　「♡」のおかげで「大嫌い♡」も「クソ親父♡」も、とっても可愛らしく拗ねた子どもが怒ってるような気分になります。こうやってハラワタが煮えくり返るくらいの怒りだったものを、「♡」効果を利用することで鎮静させ、怒っている自分自身を「♡」で包み、子どもっぽい自分を認めることもできます。

ノートタイムは「ネガティブ感情が湧いた瞬間」が最も効果的！

「結婚生活の中で夫に怒りをぶつけたのは、たった2回だけなんです」と話すカナダ在住のOさん。今まで、ケンカもほとんどせずに生きてきたOさんが、悪口ノートを書くようになってからカナダ人の夫との関係に変化があったと教えてくれたノートです。

小さなことで〈夫とやりとりがあった〉。
お別れ会をしてくれた友人のために、〈オーガニックのリキュールを注文した。味見用に3種類あった〉ので夫も味見したいかな？　と思って、
〈「味見する？」とあげた〉ら、イヤーな顔して、不味そうな顔で〈味見した〉。

〈「なんだこれ？ まずい！ こんなの誰が飲むんだ？ 僕たちお酒飲まないのに何でこんなの買ってきた？」と言われて〉、すごいムッとした。

【ツッコミ】「**どうしてムッとした？**」

リキュールのテイスティングしたら楽しくて喜ぶと思ったのに、味を見る前から、その私の行動を否定されたのが嫌だった。

【ツッコミ】「**どうして否定されたのが嫌だと感じた？**」

喜ぶだろうと思ってたのに反応が真逆だったのが嫌。

【ツッコミ】「**どうして真逆なのが嫌だと感じた？**」

私は不要人物だと感じた。一緒に喜べないのが寂しかった。

Oさんは、一緒に喜んでもらえず自分を不要人物だと思っていたことがわかりました。

【設定】**一緒に喜んでもらえない私は不要人物**

【ツッコミ】「**本当にそうなの?**」

そんなことはない。

【設定の書き換え】**一緒に喜んでもらえなくても私は重要人物**

【本当の願いは?】

本当はどう在りたい?…やっぱり最初はムッとするな。私は小さい女だなー。それでもいっか、人間だもの。自分のダメな部分も受け入れられる私で在りたい。

Oさんは、今の自分を許してあげたのですね。

「本当はどうしたい？」↓　確かに、よかれと思ってする行動が相手にとって大きなお世話だったりすることがある。さじ加減を学ぶ。正直に言ってくれた夫に感謝だな。

Oさんは、ネガティブな感情を感じても口に出したり態度に出したりするのはよくないことだと思っていましたが、今では家族にイラッとすると、茶碗を洗ってる途中でもパソコンで作業をしているときでも手を止めて、ノートにすぐさま感情を書き留めているそうです。

そのおかげで、以前なら我慢をして言わないでいたことでも、その場ですぐに気持ちを言えるようになり、夫との会話がより深くなったと話していました。

感情は「なまもの」と同じで鮮度が重要です。

「旦那が家事を手伝ってくれなくて腹が立つけど、○○さんの旦那は出張ばかりでほとんど家にいないって言ってたから、それに比べたら毎日帰ってくるだけマシか」

「今月も生活費がカツカツ。こんなに頑張ってるのに。でも、貧困国の子どもたちはごはんも食べられないし、それに比べたら毎日ごはん食べられてるんだからマシだよね」

「いまの上司の言い方なんかトゲがあるけど、きっと悪気はないのよね」

思考は、感情を落ち着かせようとして、自分よりつらく苦しい状況の人を探して言い聞かせてきます。油断するとニュースやＳＮＳでも、自分より悲惨な出来事や人の情報を探します。そうすると、あなたの新鮮な感情は、あっという間に思考によってフタをされ、そのフタには「たいしたことない」と書かれた付箋を貼られて、奥にしまわれてしまうのです。次に発見されるのは、フタから異臭が漏れるときかもしれないので、ご注意を。

だから、感じたそのときすぐにノートに書いてしまうことが大事なのです！

Part 4

「魔法の悪口ノート」の書き方

～難しく考えなくて大丈夫。
気楽に始めてみてください

「魔法の悪口ノート」4ステップ　実践編

ノートとペンの用意ができたら、早速、始めていきましょう。

悪口ノートは、前にも書きましたが、４つのステップに分かれています。

STEP 1　悪口を書いてネタとガセネタを区別する

STEP 2　感情に3回以上ツッコミを入れる

STEP 3　設定を探して書き換える

STEP 4　本当の願いを、気持ちの面と行動面に分けて書く

私の恐怖の実体験をもとに、悪口ノート４ステップを解説していきます。

これは、私がマイホームを購入しようとドキドキワクワクしながら浮かれていたときに起こった事件です。

今まで、他人の家を作ってきた私にとってマイホームを持つことは、勝手に夢のまた夢。そんなふうに位置付けていました。ですから、そんなチャンスが目の前に訪れるなんて、それはそれは嬉しくもあり、絶対に失敗したくない案件でした。

しかし、事件は起こりました。

当時、私は知人から建築会社を紹介され、私はそこで家を建てることにしました。初めてのことで、担当者に見積もりの内容や工程について質問しましたが、なんだか思ったより対応が薄く、そのときのモヤモヤを悪口ノートに書きました。

まさか、この本の参考例にこの悪口ノートが使われるなんて夢にも思いませんでしたが、役に立ってよかったです。

では、【ステップ1】から。

STEP

1

実践編

悪口を書いて ネタとガセネタを区別する

まず、自分の考えや思いは、ネタではなくガセネタに分類します。

・**ネタとは、実際に起こった出来事や事実。**

・**ガセネタとは、本当かどうかわからないこと。**

「自分の考えや思いは、事実に基づいているものなのか？」「勝手な憶測で事実をねじ曲げて見ていないか？」をしっかりと認識し、その後の判断や行動に活かすためのもの。

・悪口の書き方

具体的な出来事と、そのとき感じたネガティブな感情を書きます。ノートを見開きで使い、日付を左上に書き、悪口を書き進めます。

当時書いた悪口ノート

家のことがうまく進んでない気がする。初めてのマイホームなのに担当の人たちがいい加減な対応で雑、丁寧じゃない。こんな高い買い物するのにこんな適当な扱いされるの？説明とかもないし、驚くことばっかりなんだけど。バカにされてんのかって思っちゃう。適当すぎやろ！悲しいというかくやしいというか、胸くそ悪すぎる！何あの見積もり、中学生でも作れるやろ！仕事なめんな！バカか！不安すぎる、今後が。このままこんな会社で家を建てていいのかな？他のところがいいような気が。できるのかな？今、検討してるって伝えたけど。はー。

本当に悔しくて悲しくて腹立たしくて泣きました。今ではいい思い出ですが。

さて、悪口を書き終わったら、次はネタとガセネタを区別していきます。

・ネタとガセネタを区別するときは記号を使う

ネタは、〈　〉でとじます。

ガセネタは、サイドラインや、アンダーライン（横書きの場合）を引きます。

その際に、記号にあわせてペンの色も変えます（本書は2色刷りですが記号ごとに色を変えるとよいです）。

家のことがうまく進んでない気がする。〈初めてのマイホーム〉なのに担当の人たちがいい加減な対応で雑、丁寧じゃない。こんな高い買い物するのにこんな適当な扱いされるの？　説明とかもないし、驚くことばっかりなんだけど。バカにされてんのかって思っちゃう。適当すぎやろ！　悲しいというかくやしいというか、胸くそ悪すぎる！　何あの見積もり、中学生でも作れるやろ！　仕事なめんな！　バカか！　不安すぎる、今後が。このままこんな会社で家を建てていいのかな？　他のところがいいような気が。できるのかな？　今、検討してるって伝えたけど。はー。

ネタとガセネタを区別していくと、だんだん自分の思考がおかしなほうにいっているのが見えてきますが、私の怒りはまだまだ収まりません。右手で持っているペンの先が、高級なモレスキンノートを貫通させるんじゃないかというくらいの筆圧でした。

悪口を書いてネタとガセネタを区別できたら、次はいよいよ、【ステップ2】の感情にツッコミを入れる、です。

STEP

2

実践編

感情に3回以上ツッコミを入れる

感情の部分に～波線～を引いてその部分にツッコミを入れますが、ツッコミとは、自分への問いのことです。「どうして私は○○だと感じているの？」と○○の部分には、必ず感じている感情を入れます。

・感情を探して波線を引く

家のことがうまく進んでない気がする。《初めてのマイホーム》なのに担当の人たちがいい加減な対応で雑、丁寧じゃない。こんな高い買い物するのにこんな適当な扱いされるの？　説明とかもないし、驚くことばっかりなんだけど。バカにされてんのかって思っちゃう。適当すぎやろ！ 悲しいというかくやしいというか、胸くそ悪すぎる！ 何あの見積もり、中学生でも作れるやろ！ 仕事なめんな！ バカか！ 不安すぎる、今後が。このまま こんな会社で家を建てていいのかな？ 他のところがいいような気が。できるのかな？ 今、検討してるって伝えたけど。はー。

・ツッコミ「どうして私は〇〇と感じるの？」〇〇の部分には感情を入れる

ここから、ツッコミ（質問）のやり方について説明します。

まだまだ私の気持ちは怒りマックスですが、なんとかステップ通りに続けられるように努力しました。

「悲しいというかくやしい」
「不安すぎる」

この2つが感情になるので、○○の部分に当てはめていきます。

「どうして私は悲しさとくやしさを感じるの？」

このようにツッコミをしていきますが、いくつも感情がある場合は、特に強く感じた感情をチョイスしてください。そのときの感覚でよいので、あまりむずかしく考えないでＯＫです。

さて、今回は「どうして私は不安を感じるの？」という部分にツッコんでいくことにします。

【ツッコミ1回目】「どうして私は不安を感じるの？」

↓念願のマイホームなのに、こんなに雑な対応されるんだと思ったら悲しくなる。楽しいことのはずなのに、イライラモヤモヤするのがイヤ。

本来、マイホーム建築は楽しくてワクワクするはずなのに、話が進むにつれてだんだんと担当者に対するイライラとモヤモヤが出てきました。「イヤ」だと感じる部分を深く見ていくことにします。冷静に冷静にと言い聞かせながら、自分の感情を見ていきます。

【ツッコミ2回目】「どうして私はイヤだと感じるの？」

↓変な家、望まない家、満足のいかない家が建って、後悔するのがイヤ。

このときに、望まない家を建ててしまって、後悔する自分を想像していたことがわかりました。さらに、「後悔することがイヤ」だと感じる部分をツッコんでいきます。

【ツッコミ3回目】「どうして私は後悔するのがイヤだと感じるの？」

↓高いお金を払って、これから一生お世話になる家、一生暮らす大切な家、子どもと暮らすためのしあわせな場所なのに！　子どもと私の実家となる場所だから後悔するようなことはしたくない、妥協したくない。だから、適当に雑に対応されるのがイヤなんだ。

ここまできて自分の奥底の感情が見えてきました。大切な場所を雑に扱われている気がして、イライラモヤモヤしていたということです。

ツッコミは、最低3回です。必要であれば5回でも10回でも、ご自身の気が済むまでしてもらってかまいませんが、ツッコミをしても回答が同じようなことしか出てこなくなったらやめたほうがいいです。延々とループしてしまうので。

ここまで書けたら、次のステップに移りましょう。

STEP 3 実践編

設定を探して書き換える

設定とは、思い込み、固定観念、信念のことです。

ステップ2で書き出したものの中から、自分自身が勝手に設定していると思った部分を取り出して書き換えます。設定を書き換えないと、同じような現実を繰り返しかねないので、かなり重要な作業です。

ステップ2で、ツッコミ（質問）をしたことで見えてきた設定です。

【設定】「大切な場所を、適当に雑に扱うのはよくない」

この設定に対して、

「本当にそうなの？」と**ツッコミ**（**質問**）をします。

すると、「対応の基準は人それぞれ、私の基準を押し付けてたのかも」という気づきとともに、さらに深い**設定**が出てきました。

それは、「相手はプロだから、プロの言うことは聞かなくてはいけない」というものでした。私は、自分がリフォーム会社を経営していたこともあるので、お客様への対応にものすごく敏感になっていたのです。だから、無性に腹が立ったのだと思います。ここでやっと私は自分を省みることができました。

そして、設定はいくつもあるものなので、そのときの自分の感覚にしっくりくる言葉をチョイスしてください。

それをふまえて、次のように書き換えました。設定を書き換えるときは、次のような本当の希望を引き出すツッコミをするとスムーズに書き換えができます。

「なんでもいいとしたら私はどんな設定がいい？」

「本当はどんな設定だとラクになれる？」
「すべて許されているとしたらどんな設定に書き換えたい？」

それを踏まえて書き換えたのはこちら。

【設定の書き換え】「相手がプロだとしても、私の考えは伝えてもいい」

ここまで書き出して、ようやく私は気持ちが収まってきました。
気持ちが落ち着いたら、設定の書き換えは完了です。次は、【ステップ4】本当の願いに進みます。

STEP

4

実践編

本当の願いを、気持ちの面と行動面に分けて書く

本当の願いとは、自分の本当の声のこと。設定を書き換えたあとの自分だとしたら「本当はどう在りたい？」「本当はどうしたい？」とツッコミ（質問）を入れ、自分の本当の声から導き出した在りたい姿、進みたい方向を明確にします。

私の設定は、「相手がプロだとしても、私の考えは伝えてもいい」としました。

【本当の願い（気持ちの面）】「本当はどう在りたい？」

↓我慢しないで、ちゃんと伝えられる私で在りたい。ケンカをしたいわけではないので、冷静に相手の意見も考慮しつつ言いたいことは言える私で在りたい。

ここでは、これから彼らと付き合っていくうえでの心がまえを明確にしました。

【本当の願い（行動面）】「本当はどうしたい？」

↓他社で建築を考えてることを伝え、話し合いをする。

結局、この会社ではマイホームの建築の話はなくなりました。土地の契約も破棄することになり、私はとても安心しました。相手との話し合いも特に揉めることもなく、穏便にことが済んで本当によかったです。

ここまでが、悪口ノートの「実践編」となります。次は、それぞれのステップをさらに詳しく説明した「解説編」に入っていきます。実践編の解説では不十分だったところを補っているので、続けて読んでくださいね。

魔法の悪口ノート4ステップ 解説編

ここからは、悪口ノート4ステップを実践するために、ステップごとにつまずきやすい部分を例にあげて解説していきます。

STEP 1

解説編

悪口を書いて ネタとガセネタを区別する

実践編で書いてはみたものの、「そもそも悪口に抵抗がある」「ネタとガセネタがよくわからない」。そんな声が聞こえてきそうなので、苦手意識がある人でも書けるように、悪口のハードルを下げて書いていく練習をしていきます。

まず、**ノートの左上、日付を書いたあたりに「悪口書いていいよ」と悪口を書くことを自分自身で「許可をする」**ことから始めてください。

その次に書いてほしいのはこの質問です。

「今日は、何かモヤモヤすることなかった？」

「モヤモヤする」ことがよくわからない人は、こちらを参考にしてもらえるとよいです。

・相手の顔色や態度を見ていて、いつもと様子が違うのでは？　と感じたこと

・相手と話してるときに、ちょっとした言い方に引っかかりを感じたこと

・自分自身や相手がやっていることで、とにかく言葉にならない違和感を覚えたこと

とにかく、頭で「？」と感じたり、からだの感覚が重くなったりしたときは、悪口ノートの題材として取り上げるチャンスです。

受講生が実際にノートに書いてくれた怒りマックスな悪口や、ちょっとしたモヤモヤから始まる悪口の例をご紹介します。

Kさんの悪口

「所用があるので残業せずに帰ります」と上司に伝えたときに、上司が「そんなのんきに早く帰って大丈夫？　まだ仕事残ってるけど。そっちの仕事残って早く帰った後に、こっちが残業してそれを片付けるの違うと思うし」と言われ、コイツまじで何言ってんだろう？　むしろお前の仕事がノロいから一日中手伝ってんのこっちだけど？　そのせいでこっちの仕事残ってんだけど？　むしろお前のための手伝いで、お前らが「忙しいから」的な感じで手が回らない時に手伝わされてるのこっちだけど!!　と思って腹が立った。何言ってるか理解できない。こいつどこに目がついてんだ？　お前の目はかざりか？　役立たねー目つけてんなよと思った。

Hさんの悪口

勤めている保育園でのホームページ更新作業の話

ボソッと園長が「あれ、どうだった？　進んでないね」と聞いてきた。1ヶ月放置…「恥ずかしいな」↑園長のひとりごと。私に言われたと思った。私がやることだったのか？　副園長にバトンタッチしたんじゃなかったっけ？　でも、バトンタッチしたと明言したっけ？　私がやることやらなかった？　人の役に立たない私。人の役に立ちたい。役に立たなかった、気が利かなかったと考えてしまう。そう思った途端、私、不要と感じる。傷つく私、発見。どうしてこうも自己肯定感を失ってしまうのだろう。

Iさんの悪口

お金がない！！！！！　どうしたらいいの？　どうしよう、たくさん使いたいことあるのに。すぐまた悩んじゃう。バイトでかせぐにも時間かかる。どうしたらいいんだ！！！！　なにに使ったかわからないけど、すぐお金がなくなる。あーーーーーーーやばいやばいやばいやばいやばいーー。

二万円しかない今月、来月も二万円しか入らない、どうしよう。

Mさんの悪口

今日の旦那は帰りがおそい。イライラする。先週から今週にかけて、ほぼ家にいない。先週の平日は実家へ。土日はサッカー。今は飲み会で日付をすでにまたいでる（0：34）そして今週末は友達と旅行へ行くらしい。

は？　なめてんの？　なんでそんなに自分のことばっかりなの？

Aさんの悪口

S子のインスタが有名になりつつある。1weekでPDCAサイクル？回す　だの、結果を残すには継続と分析みたいな投稿。だるい。悔しい。努力、天性、すべて負けてる。

「これなら書けそうだ」と思ってもらえたのではないでしょうか？

人の悪口を見る機会もそうそうないので、共感できる内容もあったかと思います。日常の他愛もない出来事のなかで心が動いた瞬間を切り取って書いていけばOK。あまり気張らず、ただ頭に浮かんだ言葉をそのまま書くことを心がけてみてください。

悪口が書けたら、次の「ネタとガセネタを分ける」作業に入っていきます。

実践編で、ネタとガセネタの意味について説明しましたが、「どれがネタなの？」「ガセネタはこれで合ってる？」と不安に思う人も多いので、詳しく解説していきます。

ネタとは事実、ガセネタとは本当かどうかわからないこと

実際にネタが事実だとして、それはどういう状況を指すのか？　ガセネタとはいったい何なのか？　についての説明に入ります。

このステップ1がクリアできないと、次のステップ2で迷宮入りしてしまう可能性があるので、着実にこのステップ1をものにしてください。

また、このステップ1を習得するだけでも、今後の人生に役立ちます。それは、自分の思考パターンが見えてくるからです。今まで、すぐにネガティブに物事を捉えて嫌な気分になっていた人は感じ方が変わり、ポジティブに捉えられるようになります。そうすると心がとても軽くなり幸福感が増していきますよ。

ネタとガセネタについて例を挙げておきますので、ぜひ参考にしてください。

ネタ

「リビングで夫がテレビを見ながら、お茶をくれと言ってきた」

「朝起きてすぐにコーヒーを淹れて飲んだ」

「子どもがいってきまーすと言って、今日も学校に行った」
「会社の上司に、この資料をやり直してほしいと指摘された」
「同僚と居酒屋で、半年ぶりにお酒を飲んだ」
「彼女の誕生日に指輪をプレゼントしたら、ありがとうと言われた」
「今月の給料が1万円下がった」
「銀行口座の預金残高が6万円ある」
「道路を歩いていたら、交通事故を目撃した」
「家のポストに、税金の支払い用紙が封書で届いた」
「彼から別れてほしいと言われた」
「友人からその服、可愛くて似合ってるねと言われた」

このような内容はすべてネタになります。

ネタ（事実）とは、目の前で実際に見たり聞いたりしている出来事のこと。誰が見ても同じ回答で、個人の解釈や憶測、妄想や感想が入っていない状況がネタ（事実）です。

ちなみに、「私はドMです」というのはガセネタです。参考までに。

ガセネタ

ガセネタについては、例文で説明します。よくある夫婦ケンカの例。〈〉がネタ、サイドラインがガセネタですよ。

例

〈リビングで夫がテレビを見ながら、「お茶をくれ」と言ってきた。〉すると妻は、「夫は、私のことを家政婦だと思ってるのかしら」と夫に腹を立て、〈返事もせずにお茶を淹れ、ドンッと机に置きました。〉すると〈夫は、驚いた顔で「なにを怒ってるんだ？」と言ってきました〉。〈妻は、「べつに怒ってないわよ！」と言い返した〉ところ、〈「怒ってるじゃないか！」と夫は声を〉荒げケンカになりました。

このケンカの発端は、妻がガセネタで自分を「家政婦」だと思い込んでいることから始まっています。ネタをちゃんと見ていくと夫は、ひと言も妻のことを「お前は俺の家政婦だ」なんて言葉にしていません。妻が勝手に「私は夫の家政婦だ」と感じて思い込んでることがケンカの原因なのです。ちなみに、声を荒げたかどうか、ケンカかどうかも、事実との線引きが難しいのでガセネタにします。

例

「朝起きてすぐにコーヒーを淹れて飲んだ」そして、あなたは「寝起きのコーヒーはなんて美味しいのかしら、幸せ♡」と感じました。

ここで問題です。

自分が感じた「美味しい、幸せ♡」という気分はネタとガセネタのどちらでしょうか？

正解は、ガセネタです。

「え？　自分が感じたことなんだからネタでしょ」という声が聞こえてきそうですが、個人の解釈や感想をネタ（事実）としてしまうと事実がねじ曲がってしまいます。

テレビショッピングで「※あくまで個人の感想です」と注意書きがあるのは、サービスや商品を受けたときの感じ方や結果は人それぞれですから、個人の感想を事実としてしまうと、後から違うじゃないか！　とクレームになるのを防ぐためでもあります。ですから、個人の解釈や感想をガセネタに分類しているのです。

また、次の項でも説明しますが、人間関係がこじれる原因の大半は、自分が感じたことや勝手な思い込みをあたかもそれが真実や事実であるかのように捉えてしまうことで起こります。噂話なんかはガセネタの真骨頂なのではないでしょうか。ＳＮＳでコメントが炎上するのも、多くの人のガセネタが集まってガセネタ祭りをしているのです。

目で見たものとセリフ以外はガセネタとする

ネタは事実だと言いましたが、「目で見たもの」「人が口から発した言葉、セリフ」のことです。ですから、それ以外はガセネタになります。ここに気をつけながら次の例を参考にしてください。

Ｔさんは役者をしていて、稽古の様子をインスタライブで配信しようとしたときに感じたザワザワを書いてくれました。

例

今日、稽古ライブをしようと思い、〈インスタグラム配信をした。〉
ただ、背景が美しくなく、場所を特定されそうな背景だったから、ざわざわした。
もしも、誰かに場所を特定されたらと思って頭の中で相手（男性）を倒すシミュレーションまでした。

このノートの内容をネタとガセネタに区別すると――。

ネタ…〈インスタグラム配信をした〉
ガセネタ…背景が美しくなく、場所を特定されそうな背景
もしも、誰かに場所を特定されたらと思って頭の中で相手（男性）を倒す

シミュレーションまでした。

「きみを特定したほうが恐ろしいことになるやろ」と思ったのは私だけでしょうか？ネタとガセネタを区別すると、ネタは、〈インスタグラム配信をした〉という部分だけで、あとは、ほぼほぼガセネタになるのです。

私たちの思考のほとんどがガセネタだとわかっていただけたのではないでしょうか？

私たちは、本当かどうかもわからないことで不安になり、人を嫌いになり、相手を傷つける。さらに勝手に被害者にもなったりします。人生がうまくいかないと感じるのは、ネガティブなガセネタに頭の中を支配されているからです。

もういい加減にこんな生き方やめませんか？

STEP 2 解説編

感情に3回以上ツッコミを入れる

ツッコム相手は他人の感情ではなく自分の感情

相手を変えようと、他人にツッコミをしてしまう人がいます。それも仕方ありません。だって漫才やコントは相方にツッコムからです。お笑い好きな方には大変残念なお知らせですが、間違っても他人にツッコミを入れるのはやめてくださいね。ツッコム先は「自分自身の感情」ということを絶対に忘れないでください。

Rさんの夫が、毎回やらかすこと。それは、お酒を飲み過ぎると、元嫁のことを思い出し、悲しんでしまうのです。なんて悲惨な光景なんでしょう。

Rさんの悪口ノート

旦那に酒をやめてほしい。

昨日、お酒を飲み出して酔う。会話が成り立たない。イラつく。

・どうしてお酒をやめてほしいの？

↓突然、泣き出したりするから。元嫁に浮気されたことがつらかったとのこと。もう昔の話なのに、まだつらいって。私が聞きたくないことを言ってくる。

聞きたくない。傷つきたくないよ。

・私は夫に何ができる？　話を聞き続ける？　なんで待つ？

↓無理やり言わせても本音は出なそう。解決にならない。

・どうして解決させたい？

↓酒におぼれてほしくない。私がだるい思いしたくない。元嫁の話、何度も聞くのだるい。

ここまでのノートを読んでみると、内容がループして名探偵コナンの事件ばかりに迷宮入りしそうなことに、薄々気づき始めたのは私だけではないでしょう。

Rさんは、夫をどうにか変えたくて「私は夫に何ができる？　話を聞き続ける？」と、ツッコミを入れてしまったのが、原因でした。

しかし、これでは自分の本当の願いにはなかなか辿りつけません。どんなに頑張ってノートの中でツッコンでも、人を変えることはできないからです。

これは、Rさんの逃げからくるものです。本当に相手に変わってほしいと思うなら、夫に面と向かって「その話聞くの気分が悪いけど、私は何ができる？」とツッコムしかないのに、それをせずにずっとうやむやにしてきた。夫と向き合うのが怖い。

はっきり言ってしまうと捨てられるんじゃないかという不安と恐れが、この事件を引き起こしている犯人の正体です。「私」をつらくさせる犯人は「夫」ではなく、「自分自身」だったということです。

ですから、**ノートの中では自分自身の感情、「どうして傷つきたくないと感じるの？」とツッコミを入れるのが正解**です。

Rさんは、このあとノートを6ページも書き、迷子になりながらも「私は捨てられるような存在じゃない。夫は悲しみたくて悲しんでいる、もう放っておこう」と本当の願いに辿り着くことができました。お見事です！

悪口ノートを書く目的は、不快な気分を1秒でも早く、いい気分にしていくことですから、犯人探しの時間はなるべく短めにお願いしたいものです。もし疲れて気分が悪くなるようだったら、他人にツッコミを入れてるかもしれないと一旦、立ち止まってみるのも手ですよ。

STEP 3

解説編

設定を探して書き換える

設定とは「なんだかわからないけどそういうもの」

「ねぇママ、今日は学校に行きたくないから先生に電話するね」と友達に電話するように担任の先生に自分で電話をかけ始めたのは、当時、小学校4年の三女でした。「4年の石川ですけど、今日は行きたくないので休みますと担任の先生に伝えてください」。なんという強靭なメンタル。私には絶対に真似できない。

私が小学生の頃は、学校は多少具合が悪くても親に行けと言われたし、ずる休みなんかしたらその日は家から一歩も出ないのが普通。父の職場の旅行で、授業をお休みして部活から参加したら、同級生に白い目で見られ陰口を叩かれた。学校を休むというハードルは、高跳びの世界最高記録並みに高いものだった。

なのにこの子ったら、いとも簡単に学校を休む。先生も何も言ってこない。

これは時代の常識が変わったからとしか思えなかった。学校を休むことは悪という考えから、各家庭の考えを採用するようになって、不登校で悩む親御さんも子ども本人も気がラクになったと思う。

三女の例からもわかるように、設定は時代背景、育った環境、親の価値観、学校教育、メディア、占いや統計学、人によっては信じている宗教などでもつくられます。

朝起きて夜は眠る
学校には行く
ごはんは3食たべる
お風呂に毎日入る
働かざる者食うべからず
家事は奥さんの仕事
家族は男性が養う

わたしはこういう人間です

このように「なんだかわからないけど、そういうもの」と自身が信じている考えのことです。なんだかわからなくて明確な理由もない、「それ誰が決めたの？」と疑うこともなく無意識に自動でやっている普段の行動は、じつは設定された思考（思い込み、固定観念）から始まっています。ですから、「思考が現実化する」の真意は、思考の奥の「設定（思い込み、固定観念）」が現実をつくっていると思ってください。

私たちの現実創造の順番は、「設定」から思考が始まり、感情が生まれ、意思決定をして行動に移すから現実が変わるという順番です。

あなたがもし、今の現実に不満があるなら、「設定」があなたをネガティブな思考にさせ、嫌な気分にさせ、不満というネガティブな感情をもとに物事を選択し、行動に移していることになります。だから、一瞬は気分が良くなったとしても根本的な不満の解消にはなっていないので、不満な気分はうっすらと心の奥にあり続け、楽しいことをしているはずなのに楽しくないと感じてしまうのです。だから、最初にやることは、行動ではなく「設定（思い込み、固定観念）の書き換え」なのです。

「自分の勝手な設定で世界が創られていた」
Tさんの設定を書き換える

アクション女優のＴさん。時代劇の殺陣を用いた演技で、日本のすばらしい文化を海外の人に知ってもらいたいという想いがあります。

しかし、一人で発信をしたりすることに限界を感じていて、自分のプロデュースを依頼したいと考えていました。

すると、勝手にプロデュースされるのでは？　という不安いっぱいのガセネタが出てきました。過去の経験から「やりたくないことをやらされる」という設定が根深くあったのです。子どもの頃に本当はやりたくなかった空手を、辞めたいと親に頼んでも「黒帯をとるまでは辞めさせない」と言われて無理に続けさせられたことが原因で、嫌なことがあっても結果が出るまで続け、限界までくると何もかも嫌になってやめるという現実を繰り返していたのでした。

では、Ｔさんは「私はやりたくないことをやらされる人間」という設定をどのように書き換えたのでしょうか？

【設定】「私はやりたくないことをやらされる人間」

この設定に対して、「**本当にそうなの？**」とツッコミ（質問）をします。すると大抵の場合、「いやいやいや、そんなわけない」や「違うよね」という回答が自分の中から出てきます。そこで、P132のツッコミ（質問）を参考にして、「なんでもいいとしたら私はどんな設定がいい？」とやってみたところ、「やりたくないことはやらなくていい、嫌なことは伝えていい」という想いが出てきたのでした。

それをふまえて、次のように書き換えました。

↓

【設定の書き換え】「私はやりたいことをやっていい人間」

また、設定は何層にも無数にあるので一回のノートの中にもたくさん出現します。他にもTさんはこのような設定を見つけました。プロデュースしてくれる人に対して「勝手にプロデュースしてくる」というガセネタがあり、過去の親との関係性から次のような設定を持っていたのです。

【設定】「目上の人の言うことは聞かなくてはいけない」

この設定に対しても「本当にそうなの？」とツッコミ（質問）をしたところ、「そんなことはないよね」と思い直し、「許されるとしたらどんな設定がいい？」とツッコミ（質問）ました。

↓

【設定の書き換え】「目上の人だとしても聞きたくないときは聞かなくていい」

と設定を変えました。

その結果、前向きにプロデュースを依頼しようと思えたそうです。

設定の書き換えはトレーニングと同じで繰り返し取り組むことで、気がつくと今まで気になっていたことが気にならなくなるという変化が起こるのです。

では、簡単な設定の書き換え例をお伝えします。Ｐ１５４で書いた設定を書き換えてみます。

朝起きて夜は眠る→朝寝ててもいいし夜起きててもいい
学校には行く→学校は行きたいときに行く
働かざる者食うべからず→働いてなくても食べていい
家事は奥さんの仕事→家事はみんなの仕事
家族は男性が養う→家庭はみんなで支える

このような感じで、自分の好きな言葉に書き換えてみてください。

「ほんのちょっと」気分がよくなる言葉に変えてみるのがコツ

「なんとなく設定がわかってきたけど、書き換えるって難しい」「そんな書き換えるだけで簡単に変わるの？」という声をもらうことがあります。そんなとき私は、「それこそ設定だということに気づいてくださいね」と答えます。

「設定を書き換えるのは難しい」

「書き換えるだけで簡単に変わるわけない」

この設定のさらに奥には、「人生は難しく、簡単に変えることはできないもの」と自分が設定しているはずです。ですから、このように書き換えをしてください。

設定を書き換えるのは難しい ↓ 設定の書き換えは簡単
書き換えるだけで簡単に変わるわけない ↓ 書き換えるだけで簡単に変わる
人生は難しく、簡単に変えることはできないもの ↓ 人生は簡単に変えられる

いかがでしょうか？ これだけでも少し気分がよくなりませんか？

設定を書き換えるとは、自分の気分をほんのちょっとよくする考えを持つこと。少しでも気分があがりそうな言葉にしていくことです。ほんのちょっとでいいのです。

設定を書き換えることは、思い込みや固定観念を書き換えることと言いましたが、判断基準や境目を無くす、ボーダーラインを下げる、無くすというイメージで考えてもらえると、よりわかりやすいかと思います。

自分ではない、どこかの誰かが作った判断基準やボーダーラインで考えて行動しようとするから心が苦しくなって人生が難しいと感じてしまうのです。誰に何て言われようが、自分を基準にしたルールを作ってみてください。それが設定を書き換えるということです。

また、あまりにも今の自分からかけ離れた設定に書き換えてしまうと、設定を書き換えてもなんだか腑に落ちない気分になったりもします。

Tさんの設定を例にすると……。

「私はやりたくないことをやらされる人間」という設定を、たとえば「好きなことばかりやっていい人間」としたとすると、「え？　本当にそんなことできるの？」と疑問が湧いてきたりして、急にそんなふうに考えるのは難しいとなるかもしれません。

これは本人の感覚次第なので、一概にそうと言ってるわけではありませんが、私の経験上、あまりに極端な言葉で設定を変えてしまうと、「いやいやいや、そんなことできるわけない」という気持ちが瞬時に生まれてきます。

そうすると、この「いやいやいや、そんなことできるわけない」が設定となるので、現実は「できるわけないよね」と感じる現実を体験することになります。
ですから、いい気分で自分が終えられる言葉を設定に選んでほしいのです。少しでも無理があるなと感じたら、他のもっとしっくりくる言葉がないか探して、今の自分に合った好みの設定に書き換えてください。

「なんか、ホッとした」
「今なら何でもできそう」
「何だかわからないけどワクワクして未来に希望が持ててきた」

この「何だかみなぎる力」の感覚をカラダで覚えておいてください。少しでもこの感覚を感じられたなら、設定の書き換えは大成功です。そして、設定はどんどんグレードアップしていくものなので、また新たなしっくりくる好みの言葉が出てきたら、自由にその言葉に設定を書き換えていってください。

STEP 4

解説編

本当の願いを、気持ちの面と行動面に分けて書く

本当の願いは設定次第で変わる

Aさんは、子どもの頃からミュージカル劇団に所属し、歌やダンスを頑張ってきた女の子。技術はあるのに容姿や体型を理由になかなか主役になれず、自信が持てなくなっていました。外見に対するコンプレックスから自己否定も強く、自分のことを「存在感ゼロ」と設定していたのです。私から見たらとても可愛らしい女の子なんですけどね。

悪口ノートで、少しずつ自分のことを受け入れられるようになったAさんは、自分が昔やりたかったことを思い返してみました。それは、アイドル、歌手、ダンサー、医学部を目指すことでした。そして、「存在感ゼロ」という設定を「誰もが憧れる私。私は主役」と書き換えました。すると、Aさんの本当の願いが見えてきたのです。

本当はどう在りたい？

↓他人のリアクションで私の価値を変えない！　存在感を取り戻す！

本当はどうしたい？

↓ボイストレーニングを教えてみたい

実際Aさんは、私たちの音楽ライブ忘年会で、とっても素敵な歌とピアノを披露して、みんなから絶賛されていました。そして、「ボイストレーニングを始めたので、インスタに登録してください」としっかり行動に移したのです。

そのときのAさんの姿は、設定どおり「誰もが憧れる私。私は主役」の現実を創っていました。私も、散々苦しんできた姿を見てきたので、本当に嬉しくて泣きました。

ここまで行動できたのも悪口ノートのステップ通りに真剣に取り組んでくれたからだと思います。自分の設定に気づかず、「存在感ゼロ」のままでやりたいことをやろうとしても、「ブスなお前にできるわけない」と大きな声で頭の中で言ってくるはずです。

しかし、設定を変えると、この声が真実ではないと気づくことができます。

「真実はどっち？　本当の私はそんなんじゃないでしょ？」

と自分に問いかけができるのです。そこまでやってから、最終ステップに取り組むことで、心の奥底にある潜在的な本当の願いが見えてきます。

「本当はどう在りたい？」は、理想の自分を書く

ここでいう在り方とは、「自分が理想とする心の状態」のことです。

ここには一切、世間の目を気にした社会常識からくる判断を入れないでくださいね。

あくまで基準にするのはステップ3で書き換えた設定のみです。

また、「本当はどう在りたい？」とツッコミ（質問）をしても、なんだかいまいち答えが出ないという人は次のようなツッコミ（質問）をしてみてください。


「本当は、どんな自分でいたい？」

「本当は、どんな人間でいたい？」

「本当は、どんな態度をとりたい？」

「本当は、どんな姿でいたい？」

「本当は、どんな自分が好き？」

自分のなりたい理想像を、どんどん書き出してください。恥ずかしさやどうせ無理などという考えは横に置いて、「本当は？」と自分に逃げずに向き合ってみてください。自分が自分のことを一番好きな人になれるように、こんな人がいたらときめいちゃう♡と思えるような自分を想像する練習をしてみてください。

心から人に優しくできたとき、人の役に立てたとき、自分のことを心から大事にできたとき、何か約束事を守れたとき、何か目標を達成できたとき、なんだか胸の奥がグッと熱くなって涙が流れるときがありませんか？

それは自分が自分に恋をした瞬間です。本当の自分が喜んでいるサインです。「そうそうそう！　そんな私でいたかったの！」と教えてくれてるんです。

私はずっと自分のことが嫌いでした。本当は優しくて大きな愛のある人になりたいのに、全然そんなふうにできなくて、むしろその真逆の態度をとってしまい後悔ばかりの人生でした。特に大切な家族やパートナーには、悪態をついて暴言を吐いてしまう。

「どうしていつもこんなふうになってしまうんだろう？　本当はこんなことが言いたいんじゃないのに！」と猛烈に後悔し、自分を責めてばかり。自分のことが嫌になり、私なんて生きてる価値ない！　死んでしまいたい！　とまで考えたほどです。

そんな私でも、今こうして自分を肯定し、私は私が大好きだ♡　こんないい女いないよね♡　とまで思えるようになったのは、自分の在り方を決め続けて、自分が理想とする心の状態を作ってきたからだと言えます。

私のところに来てくれる方は、女性がほとんど。自分に自信が持てないことが悩みの方も多くいます。そんな受講生の方々が書いてくれた「在り方」をご紹介しますね。

・自分のしたたかさも筋を通すことも認め、良し悪しで判断しない。
・なるべく平穏に生きる、なるべく優しい世界で生きる。
・私が人生をかけて創りあげた、私の在り方、パートナーシップ、私の人生は誰に何をされても言われても絶対に壊させない。
・小さなことを受け取り続けていく。

・他人に自分の人生の主導権を握らせない。
・私が幸せじゃない優しさは受け取らない。
・人前に立つ、ありのままでいる、一流である。
・自分で考えて行動する。
・図々しくて悪くていい、時には非を認め素直にごめんなさいが言える。
・すべての生き物と仲良く生きられる私で在りたい。
・自他評価に振り回されずやりたいことをやる。

いかがですか？　皆さん、どんな小さなことでも一つひとつのことに、自分がどう在るか？　を定めていくことで人生を劇的に変化させていきました。ノートで在り方を変えただけなのに、腹が据わったような感覚が芽生えたと言われる方もいます。

在り方は、自分の心のマイルールのようなものでもあります。何億通りとある現実のパターンを生きていくのに自分なりのマイルールをしっかり持っておくと、この先何があっても大丈夫！　と思える無敵の「私」が創れるのです。

「本当はどうしたい？」は、赤ちゃんのハイハイレベルで書く

在り方がバシッと決まったなら、次は現実を動かすための行動です。

地球は行動の星、ただノートを書いてるだけでは何も変わりません。自分の内側の整理が終わったなら、外側の現実世界へアクションしていきましょう。

心配はいりません。何も大それた行動をしてくださいと言ってるわけじゃないので。あまりに無茶な行動を起こそうとすると、途端に恐れや不安が出てきます。せっかく在り方を決めて生まれ変わったのに、ここで無理をしてしまうとすべてが台無しです。なので行動の第一歩は小さくするのがコツ。赤ちゃんのハイハイレベルでＯＫです。

受講生が、少しでも現実に変化を起こそうと考えた「本当はどうしたい？」の行動を参考にしてください。

・自分の思ったこと、感じたことをもっと大切にする。

・自分の中で、これができた、これをやった、ここまでできたというゴールを作って、

周りが何と言おうとここまで達成できたら自分を認めてあげる。

・YouTube再稼動、ChatGPTにコンテンツ相談、作品作りをする。
・おっぱい先生の講義を聞く、下着を選ぶ。
・風俗店で働いていたこと、それを隠して結婚したことを夫に話す。
・誰にも媚を売らない、人に優しくありたいけど言うことは言う。
・お金のことを旦那に相談する。

なんと力強い決意なんでしょうか。ただ書いただけでなく、ハイハイする赤ちゃんの一歩を積み重ねることで、現実をガシガシ変えてくれました。あっぱれです！

Part 5

悪口を書き続けると理想の人生にワープする

～自分を諦めずに、生まれ変わった人たちの物語

苦い思い出も今を変える「材料」となる

「お前が俺に手をあげさせてるんだ！」と当時の夫が顔を真っ赤にして事務所のソファを蹴り飛ばしながら言ったのは、リフォーム会社を一緒に経営していたときのこと。

生まれて初めて言われた言葉に、頭をハンマーで殴られたくらい衝撃を受けました。言われた瞬間は、「なにコイツ人のせいにしてんだよ！　女に手をあげるほうが悪いに決まってるだろ。でも、足痛くないのかな？」と思ったのもつかの間、「たしかに毎回、男性が暴力的になってる気がする」とハッとしました。

また、二度の離婚をしたのも同じ理由。私が不倫して離婚するというパターン。さらにお金の面では、常に借金を抱えてしまうことでした。しかし、悪口ノートのおかげで、なぜこのようなパターンを繰り返していたのかが明確にわかったのです。

たとえば、お付き合いをする人や夫となる人たちが、次々に私に手をあげるようになるという部分について。

私は3歳の頃、仕事や妹のお世話で忙しい母親の代わりにおばあちゃんに面倒をみてもらっていました。

当時の記憶を振り返ると、おばあちゃんは怒ると、私を家の柱に縛りつけ細い竹の棒で叩いたり、襖の敷居の上に正座をさせて小さな私の太ももにろうそくを垂らしてくるのです。今考えると「小さな子どもによくそんなことできるな」と思うくらい恐ろしい光景ではありますが、37歳までの私は「大したことない、初孫の私をおばあちゃんはとても可愛がってくれている」とむしろ笑い話として話していました。

しかし、あるとき友人から「それって虐待だよ」と衝撃のひと言を言われたのです。

私はその言葉にカウンターパンチをくらったボクサーのように頭がクラクラしました。

まさか、自分が虐待を受けていたなんて。その気づきをきっかけに、当時の出来事を思い返しながら、悪口ノートに書きましたが、吐き気がするほど気持ちが悪くなりました。

「痛い！　やめて！　怖い！　何でそんなことするの？　おばあちゃんなんか大嫌い！
私は悪くないのに！」

ここから「どうしてそう感じるの？」と身悶えしながらツッコミを繰り返していくうちに見えてきたのは、「人は、愛しているから怒ったり叩いたりする」という、とんでもない設定があることに気がついたのです。

「くそばばぁ、なんてことしてくれんねん！　おかげでドM街道まっしぐらだわ！」と恨みたくなりました。たまばあさんよ、これくらいは公の場で言わせてくれ。

本来なら、三つ子の魂百までという言葉があるくらい大事な幼少期。優しい言葉やあたたかいスキンシップを存分に味わう時期なのに、竹のムチとかろうそくとか、そんな肉体的痛みを与えられていたなんて。これは愛情を痛みだと勘違いしても仕方がない。だから、潜在的にその痛みを求め、パートナーを怒らせて叩かれるように仕向けることを繰り返していたんだと妙に納得したのでした。「どうか私をムチで叩いてください」と言わんばかりに。さすがに、ドMな自分を葬り去りたくなりました。

しかし、ここからが私の腕の見せどころ。どうせドMなら、このドMの力を幸せになるほうに使ってやろうじゃないのと決意し、「二度と男性に手をあげさせない」というスローガンを掲げ、怒りが湧いたときには、なるべく距離をとって離れる、口に出す前に一旦考え、悪口ノートに吐き出す、という訓練を始めたのです。私の場合、2年くらいはかかりましたが、徐々に穏やかな性格へと変貌を遂げることができました。

私のドMストーリーはこんなものじゃありませんが、悪口ノートは「現在」だけでなく「過去」の嫌な思い出からも、今後の人生を好転させるヒントを見つけることができるということだけはご理解いただけたのではないでしょうか。

ぜひ、一緒にドM人生から抜け出したい人は、もとい、「自分の繰り返してるパターンを知りたい！　気づきたい！　そして、今を変えたい！」と思った人は、悪口ノートをご活用ください。

悪口を書く最大の効果は、醜さと才能が発見できること

私は綺麗ごとが大嫌いです。美談も大嫌いです。

悲劇のヒロイン、シンデレラストーリーというような、可哀想な女の子の話はうんざりします。誤解がないように言っておきますが、私が大嫌いな綺麗ごとと美談は、その人が自分の醜さに気づいていない場合のみです。まだあなたが自分の中の醜さに気がついていない、または認めていないなら、成長のチャンスです。

なぜ醜さの存在を認めることが大事なのでしょうか？

それは、そこが認められないと、本当はこう生きたい！　本当はこう在りたい！　本当はこうしたい！　ステップ4の本当の願いの部分が明確にならずに、なんだか腹落ちしないのです（これは実際に悪口ノートに取り組んだ人にしかわからない感覚なので、必ず、本を読んだだけで終わらせないでくださいね）。

Yさんは、騙されて作った借金返済のために風俗店で働いていたことを隠して生きてきました。親に助けを求めることもできず、結婚するときも夫には言わずに、墓場まで持って行くつもりで、この過去は無かったこととして今まで生きてきました。

とても優秀で、起業家として大成功されていましたが、なぜだか自分がやってることがしっくりこないという気持ちが強くなり、私のところに来てくれました。

講座が進むにつれて、Zoomの画面越しでもわかるくらい苦しそうな表情を浮かべるYさんに疑問を投げかけたところ、「実は私、清美さんに話してないことがあるんです」と言って打ち明けてくれたのが、自分が過去に風俗店で働いていたという話でした。

しかも、なんとそのお店でずっとナンバーワン、予約の取れない風俗嬢として雑誌の巻頭グラビアまで飾っていたのです。当時は、風俗というお仕事にとても誇りをもっていて、来てくれるお客様も素敵な方ばかり、自分にとっては天職だったと話していました。

しかし、家族に言えないのは、そこに何かヒントがあるのではと分析をしたのです。

すると、「相手が望む完璧なお人形を演じることで、人の心やお金を手に入れることができる」という醜さが自分の中にあることがわかりました。

自分は不運でこの世界に入った、借金返済のために夢も捨てて、人の役に立つために今まで頑張ってきたと思っていたので、こんな醜さがあるとは気がつかなかったのです。

Ｙさんがすごいのは、この醜さをすんなり認めただけではなく、夫に真実を話すこと、過去を公開してビジネスを新たに立ち上げることを決めたこと。そして、「相手が望む完璧さ」をキャッチする能力でお客様の細かいサポートをしているのです。

醜さを自覚して認められると、自分の中の陰陽（美しい部分と醜い部分）が統合されます。すると、何があっても、どんな自分でも、もう大丈夫という深い安心感とともに、自信にもなります。もう何も怖いものなんてないと、心の底から思えるのです。

そうすると、醜さを才能、武器として使うことができるようになります。

Ｙさんは、子どもの頃は母親や学校の先生に、大人になってからは風俗のお客様、起業してからはお客様やスタッフに、いつも完璧な自分を演じてきました。それが、本当の自分の望みに沿っていなかったため、違和感を覚えるようになってしまったのです。

ですが、これからは、自分がやりたいことのために、この才能、武器を使っていけることでしょう。今後のＹさんの活躍が楽しみです。

世界中の悪口と共に生きると決めた

「好きな悪口はなんですか？」

私は、世界中で使われている悪口を知りたいです。そして、私の夢は、世界中の人たちが、日本語で書いた悪口をうちわにして、私の講演に参加してくれている姿を見ることです。むしろ悪口コールを浴びたいくらいです。想像しただけで楽しくなりませんか？

私はニヤニヤしてしまいます。

子どもの頃、「ばーか、あーほ、まぬけー、おまえの母ちゃんで〜べそ♪」って言ってはしゃいでませんでしたか？ この言葉を口にしているとき、おぞましいほどの悪意はありましたか？ きっと、ただただ発しているだけで楽しかったはずです。汚い言葉や、悪口をただ言いたい、使ってみたい。純粋な子ども心はシンプルなはずなのに、教育上、「そんなこと言っちゃいけません」と発することを禁止される。

ただ、禁止されるだけで、そう思ってしまったときの対処法を教えない。これが、世界中に蔓延する、陰湿ないじめや誹謗中傷の原因になっているのではないでしょうか？

私が発信しているTikTokやYouTubeにはアンチコメントがきます。コメントをくれる人は、全員本名ではありません。ですから、私もそういう人に対しては、気遣いなくはっきりと意見を言わせてもらえるので、むしろありがたいのと、それを分析して、返信をするのが楽しくてしかたありません。人によっては、ご丁寧にお返事をくれるのです。

私がそこまでアンチコメントにこだわるのは、私にとってアンチコメントは、醜さの宝庫でもあり、才能の宝庫でもあるからです。この本をここまで読んでくれたならそれは理解できると思います。だから、そこに気がつけたなら、「あなたはもっとラクに生きられるよ！」って伝えたい衝動に駆られてしまうのです。

アンチコメントを分析していると、その人のいろんなことが見えてきます。この人は、自分の気持ちを抑え込んで、我慢しているんだな。自分が人を羨んでいることに気づいていないんだな。言っちゃなんですが、あたかも正論だと言わんばかりに支離滅裂なことを言ってる人も多いです。それが面白いのですが。

本当に、私の仕事の役に立っているので、どうせなら他の人ではなく、私のコメント欄に書き込みをお願いしたいくらいです。

ちなみに、私がそういうコメントをもらって、全く痛くないわけではないのです。グサッとくるときもあります。ですが、この心の反応に価値があることを知っているので、さっそく自分を省みる材料にさせてもらっています。

たとえば、私はよく娘のことを「おまえ」と呼ぶクセがあります。じつは、発信を始めるまで、まったく意識してなくて、もともと口が悪いのもあり、汚い言葉を平気で使ってきた人生でしたから、それが当たり前だと思っていたのです。

しかし、たくさんの方から指摘コメントをもらい、考えるきっかけになりました。

というのも、最初、指摘されたときには、一瞬イラッとして「そんなこといちいち気にしてたら生きていけない」とか、「言いたいことはそこじゃないんだから、ちゃんと動画見たらいいのに」と、私は何も問題ないと考え、自分を正当化するために「おまえ」という言葉の意味まで調べて、相手を納得させようとしたのです。

「おまえ」という言葉の意味を、Googleで検索してるときに、私は何をそんなにムキになってるんだ？　やってることアンチと一緒じゃん！　と気がつきました。

そこから私は、悪口ノートで、なぜそんなに反応してしまっているんだろう？　と自分と向き合うことができたのです。

本当はもういい年だし、この口の悪さをもう少し直したいと思っていること、せっかくの発信内容がちゃんと伝わらないことが嫌だと感じていること、ちゃんと伝わるように伝えたいというのが、願いとしてあったんですよね。

この気持ちも、多くのアンチコメントがなければ気がつけなかったことなので、やっぱり悪口の偉大さに感動です。

そして、とくに私にコメントをくれる方たちは、すごく真面目で頑張り屋で、一生懸命生きている人なんだろうなって文章でわかります。

だからこそ、ちゃんと感情を解放できる場所があれば、きっとこういう人たちも、もっとラクに生きられるはず！　悪口ノートはそういう人たちの居場所になるんじゃないかと思うのです。

私と会ったら、ぜひ悪口を聞かせてください。

危険なポジティブシンキングがある

とある研修会場で、夕食をみんなで食べているときに事件は起こりました。
男性が、お味噌汁が入ったお椀を膝の上にひっくり返したのです。
すると、その男性の口から出たとんでもない言葉を耳にしました。

「温かい味噌汁に交換できてよかった」

私がギョッとしてすぐさま、「ズボンが濡れてて気持ち悪くないの？」と尋ねると、
「これくらい大したことない」と言うのです。

またあるとき、その男性が主催するイベントに参加したときのこと。

イベントが終わって会場をあとにしようと玄関で靴を履いて、持ってきた傘を傘立てに取りに行きました。しかし、置いたはずの場所に私の傘が見当たらないのです。

「ここに置いたはずの傘がないんだけど、買ったばかりだからすごいショック」と話すと、「きよちゃんの傘のおかげで、雨に濡れずに済んだ人がいてよかった、貢献できたって思えばいいんじゃない？」と言うのです。

私は、一瞬何を言ってるのか理解できず思考がフリーズしました。たしかに、私の傘のおかげでその人は濡れずに済んだかもしれない。大きく見たらそれが貢献になるのは理解できる。だけど、その前に私が感じた「買ったばかりの傘を盗られてショック」という気持ちを蔑ろにされた気がして、とても腹立たしく感じたのです。

話に出てきた男性はＳさん。人と地球が豊かになる学校『ＥＡＲＴＨ ＳＣＨＯＯＬ』という教育事業を立ち上げ、オンラインアカデミーを主宰されています。私とは現在、『天命開花ライフシフト実践プログラム』という講座を共同で開催しています。

Ｓさんのようなポジティブ思考の人がみなさんの周りに存在しているかはわかりませんが、ついついこんなことを言ってしまうことは、誰しもあると思います。

一見ポジティブで幸せそうなSさんに、私は「ポジティブシンキングが危険」だと伝えました。なぜか？

それは、普段はニコニコして優しいSさんが、お酒を飲むと変な酔い方をしているところを何度か目撃したからでした。16歳からホステスをしていた私は、普段はまじめで優しい男性が、お酒を飲むと様子が変わってしまう姿をいっぱい見てきました（私が最初に結婚した夫もそうでした。何度、ごめんなさいと謝られたことか）。

何ごとも前向きに捉えることは、とても素晴らしいことだと思います。でも、本当は嫌だと思っていること、こうしたいと思っていることを無視して、ポイッと心のゴミ箱に捨ててポジティブというフタをしている状態だったら？

嫌だと感じたなら嫌でいい。悲しいと感じたら悲しいでいい。怒りを感じたなら、ただその怒りをそのまま感じていてもいいはずなのに、それを感じるのが怖くて必死で自分をごまかそうとフタをしていたら……。

はじめは、ちゃんとフタも閉まるでしょう。ですが、そのうちゴミ箱は満杯になります。普通のゴミなら捨てればいいのですが、心のゴミは目には見えません。満杯になっていることに気づかぬまま無理やりフタを閉めようとして、あるときフタが壊れます。感情が爆発するからです。そして、またやってしまったと後悔のゴミを捨てる。最後は、フタどころかゴミ箱本体が壊れてしまいます。

すべての感情は対等に存在していて、善いも悪いも優劣も本来ないはずです。なのに、ポジティブな感情だけが良しとされているのは不自然この上ないと思いませんか。

おっと！　誤解はしないでくださいね。「ポジティブシンキングをやめてください」と言っているのではありませんよ。

要は、順序が大事なのです。ネガティブな感情が湧きあがってきたら、すぐにポジティブなフタでネガティブな感情を押さえつけずに、そのまま感じればいい。

ネガティブ感情を感じたり、人がネガティブな感情になっているのを見るのも苦手だったSさんも、悪口ノートのおかげで、安心して感じ、見ていられるようになったと話していました。今では、人がイライラして怒っていても、なだめるようにポジティブな発言を無理してすることもなくなったそうです。すると、自分の気持ちを落ち着いて相手に伝えられるようになり生きるのがとてもラクになったそうです。

自分にちゃんと悪口を言わせてあげると、自己肯定につながります

Kさんは、長身で眼鏡をかけ優しい語り口が印象的な、いかにもザ・公務員という風貌が特徴です。Kさんが悪口を言うなんてとても信じられない、それくらい誠実な方です。

しかし、そんな悪口から一番遠い星にいるKさんでも、心の中ではこんな悪口を言っていたのです（138ページで紹介した悪口例のひとつです）。

「所用があるので残業せずに帰ります」と上司に伝えたときに、上司が「そんなのんきに早く帰って大丈夫？ まだ仕事残ってるけど。そっちの仕事残って早く帰った後に、こっちが残業してそれを片付けるの違うと思うし」と言われ、コイツまじで何言ってんだろう？ むしろお前の仕

事がノロいから一日中手伝ってんのこっちだけど？　そのせいでこっちの仕事残ってんだけど？　むしろお前のための手伝いで、お前らが「忙しいから」的な感じで手が回らない時に手伝わされてるのこっちだけど!!　と思って腹が立った。何言ってるか理解できない。コイツどこに目がついてんだ？　お前の目はかざりか？　役立たねー目つけてんなよと思った。

まぁ、なんともドロドロとしたKさんの心の中。私が人間不信になりそうでした。と同時に、Kさんには悪口の才能があるのでは？　と親近感が湧きます。

私は、どんな人でも心の中に悪口やネガティブな感情は、常に存在すると思っています。しかし、社会的なルールや常識で、それらの感情を抑え込むことを求められることが多く、自分の感情を素直に表現できないまま苦しんでいる人も少なくありません。

Kさんは、とてもまじめで仕事熱心でしたが、仕事を抱え込みすぎて体調を崩し、休職するということを何度も繰り返していました。

本人も原因はわかっていて、頼まれた仕事を断れない。他の人のミスをカバーするために自分の仕事はあと回しにする。納期に間に合わないと言われれば残業してでも終わらせる。そんなKさんですから、周りからは信頼され頼られて当然なのですが、本当は心の中は不満でいっぱいでした。

セッション中にわかったことは、Kさんの父親がしつけに厳しい人で、大きな声で一喝してくること。それが怖くて怒らせないようにと常に顔色をうかがっていたこと。学生時代も部活の寮で、先輩たちからのいじめが怖くて、自分の思ったことを言わずに、相手の機嫌をそこねないよう忠実に生きてきたことでした。

そんなKさんですから、最初はなかなか悪口をノートに書くペンが進みませんでした。しかし、このまま何もしなければ、また同じ人生の繰り返しだと思い、意を決して冒頭の悪口を書いたのです。その後も、Kさんは悪口を書き続けてくれました。

疲れた、疲れた、疲れた、ムカつく、情けない。俺ばっかりなんで辛い思いするの。もう働きたくない。心臓が痛い。肩が痛い。頭が痛い。目が痛い。手が痛い。指が痛い。腕が痛い。

何で俺ばっかり、みんなから相談されなきゃいけないの？　話しかけないで欲しい。
木村も長居も佐藤も高山も村田も石井も新田も（仮名）みんな俺を頼るな。
疲れた、疲れた、疲れた、疲れた　俺は俺に時間を使いたい。自分の好きなことがしたい。釣りがしたい。キャンプがしたい。家族と過ごしたい。
誰かに甘えたい。わがまま言いたい。抱きしめてもらいたい。俺も助けて欲しい。

するとKさんに変化が見られたのです。

職場で、他の人の尻拭いを上司から依頼されたとき、今までは、本当は嫌でも笑顔で引き受けていましたが、なんと！「嫌だけどいいですよ」と、本音をそのまま上司に伝えられたのです。すると、「そうだよね、嫌だよね」と共感してくれました。

Kさんは、ただ共感してもらえただけでも嬉しくて、やる気が出てきたそうです。また、断ってもいい、引き受けても「どっちでもいい」という選択の自由が自分にはあることも理解できました。

自分でも理解できていないことを、半強制的にアウトプットするためのツールが「悪口ノート」。**心の中を整理できるだけでなく、自分でも気づいていない嫌悪感や認識していない本当の願いなどがあぶり出せる**のが、この方法です。

「悪口」を書くことは、誰にも言えない秘密をもう一人の自分と共有しているような感覚があります。きっと誰もこんな腹黒くて汚い感情をわかってくれないだろうけど、その感情を抱くことが自分の中だけで許される。

こんな感情を持っていていいんだ……そんな許可を自分に出せると、驚くほどラクになります。

自分の感情をちゃんと理解し、受け入れることは自己肯定感を高めます。

悪口を言うことやネガティブな感情を持つこと自体は、悪いことではありません。それらを自分の一部として受け入れることで、自分を愛することができるのです。

人生を劇的に変えたいなら、「しつこさ」しかない

クリームパンをエプロンに入れたまま洗濯機を回してしまい、それを夫が怒りもせず、綺麗に片づけてくれたんです♡と嬉しそうに報告してきたのは、20代のAさんでした。私はすぐさま、これは脳みそがトリックを仕掛けてきてると確信しました。

Aさんの悩みは、職場の上司や結婚したばかりの夫との関係でした。悪口ノートにも積極的に取り組んでくれて、職場の上司や夫にもガンガンとブルドーザーのようにアクションを起こし、自分の想いを伝えて嫌だった職場も退職、パン屋でパートをしながら、ゆっくり今後のやりたいことを模索しているときに起こったのが、このクリームパン事件でした。

もともと夫とはケンカが絶えず、結婚して一年くらいでセックスレス。Aさんは、何

度か子どもの話を持ちかけてはみたものの、今は考えられないと拒まれていました。

離婚を本気で考えながら、自分が望む幸せとは何なのだろう？　と真剣に自分と向き合うと、夫を自分の思い通りにコントロールしようとしていたこと、お金や物、行動で愛情を測っていたことに気がついたのです。

「何かをしてくれたから私は愛されている」という条件付きの愛情の感じ方をしていたため、自分の思い通りにならないと、夫にドーベルマン並みの勢いで噛みつき、欲しい愛情のカタチを要求していたのでした。

だから夫も同じように激しくAさんを責めたて、意見を受け入れてくれなかったんだと改心し、今までのことを夫に謝ったのでした。

普通ならここで終わりそうな話ですが、Aさんがすごいのは、「私も悪いところは改めるから、あなたも改めてほしい。真剣に二人の将来を考えてほしい」と、今度は自身の理想の人生をつかむためにドーベルマンになり噛みつきまくったのです。

ちなみに本当に噛みついてるわけではないですよ。しつこく何度も、ケンカになったとしても、夫に対して話し合いを挑んだという意味です。

クリームパンはどこいった？　と思ったそこのあなた、話はこれからです。

あるとき、夫と子どものことについて話しているときに、話し合いがうまくいかず、夫が怒ってしまったことがありました。その後に起こったのがクリームパン事件です。

「洗濯機の中でぐちゃぐちゃになったクリームパンの残骸を、嫌な顔せずに片づけてくれている夫の姿を見て、なんて優しい人なんだろう♡　私も言い過ぎはよくないと反省しました」

たしかにそうなんですけど、その話を聞いた私は言いました。

「本当にAさんのことを考えてくれていて、愛しているなら、子どもの話をもっとちゃんと考えてくれるはずだよ、クリームパンに騙《だま》されないで！」と。

するとAさんはハッとして、「危なかったです！　騙されるところでした！」と、夫の本質を見ていないことに気がついてくれたのです。

もちろん、これはこれでとても幸せな出来事ですし、Aさんを想った優しい行為だと思います。全力で夫の優しさを受けとっていいのですが、Aさんが求めている本当の幸せは、夫が「一緒にいて私が心から幸せになれる人」であること。それが理想だと知っていたので、すかさずツッコンだのです。

人は目先の優しさに目がくらみます。本当に望んでいることをすぐに見失ってしまうものです。危うくＡさんは、以前と同じことをしようとしていたのでした。

本当はもっと、ちゃんと子どものことや将来の話がしたいのに、冷静に話をしてくれないことが嫌だと心底思ったＡさんは、夫に「本質的な私の望みを責めずに受け入れて、一緒に叶えてくれる人がいい、クリームパンを片づけてくれる人でも見せかけの優しさでごまかす人でもない」と伝えたそうです。

その結果、夫がみるみる優しくなり、セックスレスも解消し、諦めていた結婚式を南の島で挙げることになりました。私はこの話を聞いたとき、Ａさんは私の娘とさほど年齢が変わらないので、勝手に母親のような気持ちになって、とても嬉しくなりました。

このＡさんの経験を聞いて、多くの人が共感するはずです。

人生を劇的に変えたいのであれば、Ａさんのように諦めずに何度も何度も相手に噛みつき、自身も噛みつかれ、ぶっ倒れそうになりながらも踏ん張って、カウンターを狙うしか方法はないのです。

お金の使い方で生き方が見えてくる

私は、数千万円の借金をして自己破産の手続きを弁護士に依頼しました。当時、業務委託で仕事をさせてもらっていた会社に捜査が入ったことと、投資に失敗したことが重なったのが理由です。

しかし、これはあくまで表向きの目に見える現実でのことで、潜在意識を学んでいる私からすると、「やらかし案件」でした。普通なら不運に見舞われて可哀想な状況に見えますが、これは潜在的にある私とお金の関係性が現実に表れただけでした。

私はこの出来事が起こるまで、お金を大事に扱ってるようで、とても雑な扱い方をしていたのでした。お金はなんとかなる！　だから宵越しの金は持たねー。その根底にあったのは、「お金なんか使ったらまた稼げばいいいんでしょ」というお金に対する傲慢な態度だったのです。

それは、私が生半可に10代からお金を稼ぐことをやってきたから。中学生から新聞配達、16歳から水商売、29歳からリフォーム会社、ずーっと稼ぐことをし続けてきた。お金との付き合い方を学ぶこともなく、ただやみくもに稼ぎ、やみくもに散財する、という繰り返しの結果が出来事として大きく表れたと思っています。これでは、ただ駄々をこねてわがままを言ってる子どもと同じです。恥ずかしすぎます……。

私が、稼いでも稼いでも満たされなかったのは、子どもの頃からやりたいことを我慢させられたり、親からお金を取られていたりした経験からでした。好きなようにお金を使ってやりたいことを我慢せずやりたい！　という願望から来たものです。

自分の恥ずかしくてみっともないこの経験を書くのも、こんな経験をしなくても気づけるチャンスはいっぱいあるということが伝えたいからです。お金との付き合い方をちゃんと学べば、稼いでる額は関係なく、幸せな人生を歩むことはできるからです。

もし、同じように悩んでいる人がいたら、お金の収支計算をするとともに、自分がどうしてそうしてしまうのか、悪口ノートで見ていってほしいのです。

「お金なんか使ったらまた稼げばいいんでしょ」という設定を、「お金を使わないことも稼いでいることと同じ」という設定に変えたところ、節約が苦にならなくなりました。

欲しいものや食べたいものもよく考えてから買うようになり、身の回りにあるものを大切にしようという気持ちが増しました。毎日、家計簿をつけて収支計算をし、資金計画も立てられるようになりました（そんなの当たり前でしょ、という声が聞こえてきそうですが）。それによって得られたのは、お金に対するとてつもない感謝の気持ちと、絶対的な安心感でした。

また、娘たちや元夫、仕事仲間たちの大きな愛と優しさを感じることもできましたし、日本というこの国の制度にも、あらためて感謝の気持ちが湧きました。

お金には自身の生き方が如実に出ます。お金の使い方でその人の人格がわかります。お金を入り口にして自分の人生を振り返り、向き合っていくこともオススメします。

「必殺 仕掛け人！ は私だった!?」
世界は自分で創れる

「50年近く夫との関係に悩んでいた」と話すのは、沖縄から毎月、元気に通ってくれた70代のNさんでした。

結婚してから徐々に夫と意見の違いからケンカが増え、自分や子どもにまで激高する夫との関係をなんとかしたかったのです。別居を試みたり、東京までカウンセリングを受けに行ったり、あらゆることを試してみましたが、思ったほど効果がなかったと話していました。

正直、自分の親とほとんど変わらない年齢のNさんに、私の話が通じるのかな？　とはじめは不安になりましたが、Nさんは、ビックリするほど素直にこんな若造の話を興味深く聞いてくれ、変化を遂げてくれたのです。それくらいNさんは、本気で夫との関係をどうにかしたかったのだと思います。

講座では、ノートを書くことと実践することに同時進行で取り組みます。

悪口ノートを書いただけで実践をしない人には、私はしつこく「実践しましたか？いつやるんですか？」と投げかけます。

Ｎさんの課題は、人の話を最後まで聴くことが苦手。また、ずっと福祉関係の仕事をし、定年退職してからも臨時で働くなど経済力もあるので、夫にお金のことで頼れず、子どものことで困っても自分でなんとかしてしまうというところでした。

はじめにＮさんが意識して取り組んだことは、夫の話に最後まで耳を傾けることでしたが、夫が唇を噛み締めて「お前はいつも俺の話を聞かない！」と怒るほどでしたので、とても大変だったと話していました。

でも、だんだん夫が望んでることや言いたいことが、わかるようになってきたのです。

そんな中、沖縄に台風が直撃し、東京までの飛行機が欠航になるかもしれないということがありました。普段はひとりで空港まで行くのですが、この日はめずらしく夫のほうから「空港まで送ろうか？」と申し出てくれたそうです。普通の夫婦なら当たり前のようですが、過去に送迎のことでケンカをしてからというもの、夫が車で送り迎えをしてくれることは一度もなかったのです。Nさんは大変驚いたそうで、狐につままれた気分になったそうです。

この一件で、「今まで夫に対して、自分がいかに冷たいリアクションや発言をしていたか気づけました」と話していました。

また、Nさんの夫は映画が趣味。しかし、Nさんは夫の誘いをずっと断り続けていたのです。そんな自分の行動を改めようと、孫を連れて久しぶりに夫と映画を観に行くことにチャレンジしました。今まで「絶対に一緒に映画なんて行きたくない！」と頑なに拒んでいたけど、実際、行ってみたら普通に楽しかったとのこと。

そして、Nさんが映画を一緒に観たくない理由もわかりました。それは、泣いてる姿を見られたくないという理由からでした。夫に弱いところを見せると負けた気がする。夫婦なのに、勝った負けたの戦いをずっとしていたんですね。

今までの不仲の原因は、ずっと夫にあり、「私は悪くない！　悪いのは、あいつ！」と信じ込んでいましたが、「あれ？　もしかして悪いのは私？？」という衝撃の事実に気づいたときには、可愛らしい仕草で頭を抱えて悶絶されていました。思い出すと今でもその姿に、私はニヤニヤしてしまいます。

この衝撃的な気づきのあとにＮさんは、夫に今までの反省と感謝の気持ちを書いた手紙と共に、お金をあげることにしました。とても喜んだ表情をしてくれた夫は、Ｎさんのことを抱きしめてくれたのです。そこから、夫との関係はみるみる改善し、今度、二人きりで初めての豪華客船の旅に出るそうです。

「今まで、いろんなカウンセリングを受けたり、まわりに相談もしてきたけど、いつも夫が悪い、人は変わらないから離婚したほうがいい、というアドバイスばかりでした。まさか、自分に原因があったなんて。本当に参加してよかったです。もっと早く知りたかった」と、とても嬉しい言葉をいただきました。

悪口ノートは自分の潜在意識を見られるノート

悪口ノートは、「人の悪口だけ」を書くわけではありません。心に引っかかったちょっとしたこと、ふと考えてしまうことなど、気になった疑問をノートとペンを使って言葉にすることで、自分の潜在意識を見られるノート術です。

「あー、今日は仕事したくないな」
「試験、落ちたらどうしよう……」
「頭の中が、ごちゃごちゃしてるな」
「今月、生活費足りるか不安……」
「最近、連絡ないけど大丈夫かしら……」
「もしかしたら彼、他に女がいるのかも」

「なんだかわからないけどイライラする」

こんなときも、悪口ノートには気負いなく思ったことを書いてみてください。

私の講座には、アイドル活動をする次女と高校生の三女が参加してくれています。講座中はグループでノートをシェアするという宿題がありますが、次女はなかなか宿題のノートを提出してくれません。理由を聞くと、なんと、「ノートを書くのが怖い」と言うのです。すかさず私は、「それをそのまま書いてみたらいいよ」と伝えました。すると、たくさんの恐れの原因となる設定が隠れていることがわかったんです。

三姉妹の真ん中に生まれた次女は、生後８ヶ月で私が最初の離婚をしたこともあり、実の父親の顔を知らずに育ちました。２回目の結婚でできた父親には思春期あたりから微妙な距離感を感じるようになっていました。

父親は、いつも怒って怖い人。母親は、感情の波が激しくて、いつキレるかわからない人。妹ばかり可愛がって、自分はいつも「あとでね」と言われる。「話を聞いてもらえなかった」という印象しかないとのこと。

当時、次女は私たちに対して、「どうせ言っても聞いてくれないし、怒られるくらいなら何も言うのはやめよう」と思っていたそうです。

そして、その寂しさを埋めるためか次女は、告白されると付き合って、自分が好きになると相手からフラれるというパターンを繰り返していました。嫌われるのが怖くて自分の気持ちを言えず我慢したり、別れるときも相手がそう言うならとそのまま受け入れる。だんだんと人を好きになるという感情すらわからなくなっていったのです。

その後、メイドカフェやアイドルを始めるも、些細なことでもお客さんやメンバーに自分の思ってることを話せず、せっかく掴んだ夢なのにモヤモヤイライラして、急に涙が出てくる日々が続いたことで、私の講座を受けたいと言ってきました。

彼女は、ずっとひとりで自分のさまざまな感情を押し殺して生きてきたのだと思います。だから、ノートに自分の気持ちを書くことすら怖くて怖くてたまらなかったのでしょう。

実際の次女のノートです。

・ノートを全然できなかったのは、なんで？
↓取り乱したくなかった
・何で？
↓うまくいってることがなくなってしまうのが怖い
・なんで怖いの？
↓みんなにがっかりされるかも
・どうしてがっかりされたくないの？
↓みんなが離れていってしまうかもしれない、信頼がなくなってしまう
かもしれない

次女は、「自分が取り乱してしまうとすべてがうまくいかなくなる、人が離れる」という設定があることに気づいたのです。

さらに子どもの頃から、お金への執着心と損得感情が強い自分。特に、損をしたく

ないという思いが強くて、人のモノは勝手に使うけど、自分のモノは貸したくない！三女とは、それが理由でよくケンカをすること。また、こういう自分の嫌な部分を知られたくないという理由から、完璧な自分を演じるために努力をしていること。何かを隠すための努力は、やればやるほど苦しくなるということに気がつきました。

そこから次女は、まわりに自分の「素」を素直に出していくことを意識したところ、自然と嫌な人がいなくなったり、メイドカフェでも応援してくれるお客さんが増えたり、アイドル活動も楽しくやれるようになったりしたと、喜んで報告してくれるようになりました。

きっかけは、「ノートを書くのが怖い」という気持ちからスタートしたことですが、悪口以外の入り口からも書き始めると、いろんな自分に出会えるのです。

自由に気持ちを出して、自由に生きられる

突然、次女と三女が長女に対して土下座をしたのは、夕飯のすき焼きをみんなで食べているときでした。

次女・三女「お姉ちゃん、お願い！　一緒に3月のアイドルの生誕祭に出てください！」
長女「ムリ！　絶対ムリ！　ムリムリムリ！」
次女・三女「お願いします！　そこをなんとかお願いします！」
長女「絶対にムリなんだってば！　嫌だって言ってるのに、しつこいの！　ムリ」
三女「なにがムリなの？　理由を教えてよ」
長女「理由なんてない！　ムリなもんはムリ！」

リビングで本気の土下座を見れる石川家。いったいどんな家族なんだ？　とお思いの

方もいらっしゃると思うので、状況の説明を少しだけ……。

石川三姉妹の背景

石川家の三姉妹たちは、私と元夫の八つ当たりと軍隊のような厳しいしつけのもと育ったので、反抗期すらまともに迎えることもなく、私たちからしたらとても素直で言うことをよく聞く（嫌でも何も言わずに従う）子どもに育ちました。

長女は、もともとアイドルやアニメの声優希望でしたが、高校生のとき「料理の道に進みなさい」と私や元夫から言われたことで、調理師の専門学校に行き、そのまま言われたとおりに飲食店に就職しました。料理人に自分は向いていないと途中で気づきましたが、私たちに言えず続けていたのです。結果、長女は布団から起き上がれなくなるほど体調を崩し、お店に行くこともできなくなりました。

これがきっかけで、料理の道はきっぱり辞められました。そして、からだに異常が出るまで我慢して続けること、嫌なことを嫌と言えない自分をやめようと思ったそうです。

一方で、次女もまた同じように思ったことを言わないでため込む性格でした。高校卒業後の進路を決めるとき、親が「やりたいことが無いなら、とりあえずフリーターでもいいよ」と言っているにもかかわらず、学校の先生に何か資格を取ったほうがいいと言われ、医療事務の専門学校に行こうとしていたのを全力で止めたという話があります。「本当に医療事務やりたいの？」と聞くと、「やりたいわけじゃないけど、先生が言うから。あと、友達も行くし」。

このとき私は、自分の育て方が本当にあかんかったとめちゃくちゃ反省しました。「お願いだからやりたいことをやってくれ」と伝えると「メイドさんになりたい、アイドルになりたい」とやっと思ってることを話してくれました。

そして、三女ですが、この子もまた本当に思ったことは言わずに余計なことは言える子に育ちました。誰とでもどこでも仲良くなれるコミュニケーション能力を持った三女は、特に大人に可愛がられる能力をいかして、芸能事務所に入りました。

芸能活動をするにあたり、元夫と意見が合わなかったことも重なって、三女は元夫の家を飛び出し、一人暮らしをしていた私と暮らすようになりました。

その後、次女も追っかけるように私のもとへやってきて、私と次女と三女の生活が始まりました。すると、私の家庭内コーチングが始まり、悪口ノートの講座にも参加したことで、次女と三女と私との関係が大きく変わったのです。

次女と三女は「すべての感情を平等に感じる」ことが大切で、「不満に思ったことをため込まないで整理してから伝える」という訓練をしました。結局、ここでも軍隊のように。おかげで、私や元夫への不満や、お互いの本音を言い合える仲になったのです。

それを側から見て、何かを感じとっていたのか、長女も私の家によく遊びに来るようになったことで、今回の土下座が見られたのでした。

なぜ、次女と三女が長女に土下座までしてお願いしたのかというと……。アイドルの次女の「生誕祭ライブイベント」のワンコーナーに、石川家三姉妹でアイドルユニットを組んで出るのも面白いよねとなったからでした。

私と次女と三女は、長女が果たして今、本当にやりたいことをやれているのか？　と疑問を持っていました。じつは長女が最近また、コスプレをしてイベントに参加しているという噂も小耳にはさんでいたので、やりたくないわけがないと踏んでいたのです。

三姉妹のアイドルユニットなんて、私からすれば想像しただけで鼻血が止まりません。なんとしても生誕祭に長女を出演させ、成功させたい次女はまず、長女を口説き落とすために三女と一緒に電話でお願いしました。しかし、断固「ムリ！」と言い張る長女に2人はイラ立ち、今度うちに遊びにきたら再度、お願いしようと考えていたのです。

三女「最近のお姉ちゃんは、うちらが相談すると共感するだけで何も自分の意見を言わないよね。こっちからしたら本当にそう思ってるの？って違和感しかない。ムリな理由が知りたいのに『ムリ』だけじゃわからないよ」

次女「ぶっちゃけ話してても話がかみ合わないから、話すのが面倒だとも思ってた」

長女「だから、いま、嫌だってちゃんと言うようにしてるのに、あんたたちがしつこいんでしょ！ムリって言ってるのに！」

三女「だから、なにがムリなのか理由を教えてほしいの」

長女「だから、ムリなもんはムリなの！しつこい！」

そう言って長女はとうとう泣き出してしまいました。

次女と三女が、泣いている長女を見てニヤニヤしながら、「昔、よくケンカしてたときは、お姉ちゃんはもっと自分の意見があって、それを絶対に曲げなかった。そういうお姉ちゃんのほうがいいと思うし、好きだよ」と言ったのです。

次女と三女は、自分の感情を大切に扱うことがどれほど大切か身をもって知ったことで、いつも本音を飲み込んでいる長女に、もっと本音で話してほしい、やりたいことを我慢しないでほしい、感情を出すことを恐れないでほしいと伝えたかったのです。

結局、長女はアイドルユニットを組んでくれることを承諾してくれました。さすがに3月の生誕イベントはムリだけど、5月に開催するこの本の出版イベントには出てくれるそうです。

Epilogue

不幸な体質から幸せ体質になれる悪口ノート

「あー幸せ♡」いつからかこの言葉が、私の口ぐせになりました。

土鍋でご飯を炊いているとき
洗濯物を抱えて、階段を降りているとき
湯たんぽの暖かさで眠りにつくとき
朝寝坊できたとき
子どもが「いってきまーす」と元気よく出かけて行くとき
朝、窓のシャッターを開けてお日様が目に飛び込んできたとき
近所のお豆腐屋さんで油揚げを買った帰り道

こんなごくふつうの当たり前な日常が、今はとても幸せなのです。

子どもの頃、お金に苦労したことで、多くのモノや多くのお金、刺激のある豪華な体験、社会的成功を手にした人にあこがれ、そんな生活を渇望してきた人生でした。だけど、会社経営をしても、お金を稼いでも、二回結婚してみても、家も車も夫も子どもも、喉から手が出るほど欲しかった何もかもを手に入れても、満たされない私がいました。

そんな私の人生に光を与えてくれたのは、第3章でも登場した、藤本さきこさんでした。

さきこさんは当時、子ども3人のシングルマザー。にもかかわらず、「ゴロゴロしながらザクザク稼ぐ」という在り方で、月収１４００万を稼ぐ起業家でもあったのです。

私は、そんなキラキラしたさきこさんを見て、どうしたらさきこさんみたいになれるんだろう？　と、セミナーや講座、海外リトリートなどにも片っ端から参加。さきこさんのエッセンスを自分の中に一生懸命取り入れていきました（悪口ノートの原点となったのは、まぎれもなくさきこさんです）。

そして、３００万円の認定講師講座も受講。「これで私もさきこさんみたいになれる！」と張り切っていたのですが、結局のところ、私はビジネスを軌道に乗せることはできませんでした。そんな自分に落ち込むと同時に、とても大切なことを見落としていることに気づいたのです。

そう、私は「依存」していたのです。

お金を払えば、さきこさんのところに行けば、これを学べば、この資格をとれば、私は成功できる。稼ぐことができる。理想の生活が手に入る。セミナーや講座に行くことで、日常の向き合いたくないことから目を逸らしていました。

「憧れてるから、好きだから、夢中になってていいでしょ。だってちゃんと学びもしてる、これからのためだもん」

と自分が本当にやらなきゃいけない大事なことを横に置いて、セミナーや講座に参加している自分に酔っていただけだったのです。今思うと痛いヤツです……。

さきこさんが本当に伝えたかったことを理解しているつもりになっていただけ。自分の考えや気持ちに自信がなく、ブログやセミナー、本などに正解を探し求め、答え合わせをし、自分と考えが違うときは、自分の意見は間違ってるとさえ思っていました。

本当の答えは、自分の中にしかないのに、自分ではないほかの誰かになろうとして、私が私を何も見ていない、認めていない状態で、自分不在のまま、ビジネスをうまくいかせようとしてもうまくいくわけがなかったのです。

そこから私は、日常を大切にすることを意識しました。

住んでるお部屋や洋服、食器類や家電製品や家具。食材や日用品に至るまで、身体に取り入れるものはなるべく安全なものを選ぶようにし、娘や友人、仕事で関わる人たちへの態度や発言にも注意を向けました。すると、今までどれだけ自分が、日常を雑に生きてきたか、私をとりまく環境や人たちがどれだけの愛情を私に与えてくれていたのかを感じられるようになりました。

子どもの頃から、「波乱万丈だね」と言われる激しい人生を送ってきましたが、私がこの人生で求めていたものは、「穏やかに生きること」。その私が欲しかった「穏やかな幸せ」は、ずっとそこにあったことに気がつきました。

多くのモノや多くのお金、刺激のある豪華な体験、キラキラとした社会的成功も、もちろん、そうなったらいいな♡とはいまだに思ってはいるけれど、心が穏やかであることが大前提。もし、その願いが叶わなかったとしても、むしろこの先、以前のように、波乱万丈な現実が起こったとしても「私は幸せである」と、心から自信をもって言えます。

私はもう、不幸になりたくてもなれない体質に生まれ変わってしまったからです。

おわりに

来る日も来る日もノートに悪口を書き続け、子どもの頃も含めるとかなりの年月が経ちました。とくに30歳を過ぎてからの悪口の量は、ノートの中ではあるものの、連続殺人犯か！　とツッコミたくなるくらい何十人の人を何回殺したかわからないほどです。

子どもの頃から心の中での口ぐせが、「死ねばいいのに」「ぶっ殺す！」だった私は、とにかくすぐにイライラする、怒る、物に当たるなど感情を抑えられない人でした。きょうだいからも恐れられ、子どもからも「ママがキレると手が付けられない」「いつ怒るかわからない、ママが溜め息ついただけでソワソワする」と言われる始末。

今では笑い話にしてくれていますが、次女がまだ中学生の頃、伝説の「ペットボトル事件」というのが起こりました。それは、当時の夫とケンカをした際に、慰めにきてくれた次女の態度が気に入らなくて大量に水の入ったペットボトルを投げつけるという事件でした。

当時の私は、やりたくない仕事と夫との離婚問題で、精神的にかなり追い詰められていた時期でしたが、今でも娘にしてしまったことを後悔しています。この出来事がきっかけで私は、自分の性格や生き方を本当に変えようと決意したのです。

その後、経営していたリフォーム会社をやめ、借金までして、やりたい仕事をするために住まいを埼玉から東京へと引越しました。このような決断ができたのも自分の本当の願いを明確にできたから。

そこから、私の人生は１８０度激変。さまざまなストレスから解放され、誰の目も気にせず好きなことができる喜びを感じました。人間関係もガラリと変わり、私がやりたいことを心から応援してくれる人たちに出会えたのです。

その頃から、自分でもびっくりするほど、心が穏やかになりました。イライラしたり娘たちにキレて怒鳴ることもなくなって、まるで別人のように表情も変わっていきました。娘たちからも「ママ、どんどん若くなるね」と言われたり、一旦は、勝手な母親だと私に幻滅し離れていった娘たちも、また一緒に暮らしています。

今では、次女と三女が、私の高額の講座にお金を払って参加してくれ、三女からは「尊敬できる大人はママだと思う」とまで言ってもらえるほどになったのです。

ゴリラ（ゴリラの中でも、人間に最も近いヒト科の仲間、マウンテンゴリラだったかな）だった私が、ようやく人間に生まれ変わった瞬間でした。

こんな私でも、生きているうちに生まれ変われたのです。だから、あなたも大丈夫。悪口ノートでこれからの人生を輝かせられる人が一人でも増えたら著者としてこんなに嬉しいことはありません。

２０２４年５月

石川清美

購入者特典

悪口ノートについて語っている限定公開動画を、
本を購入してくださった方に特別にプレゼントいたします。
私がなぜ、悪口にこんなにもこだわってるいるのかを
解説してる動画が6日間にわたって配信されますので、
ぜひご応募ください。

1 日目 **なぜ悪口を書くと幸せになれるのか?**

2 日目 **最短で幸せになるには ネガティブ感情を書くだけ**

3 日目 **あなたの不安や恐れの正体と克服法**

4 日目 **腹黒さは悪じゃない!**

5 日目 **幸せは湧き出た感情を 認めるとやってくる**

6 日目 **波動を理解すれば ネガティブ感情は怖くない!**

また、不定期でレッスン動画や
お得な情報も配信予定です。

著者紹介

石川清美 「魔法の悪口ノート」創始者。メンタルコーチ。主婦から会社員、経営者まで４年で1000名以上への個別セッションや講座、また、企業研修の講師も務める。虐待、両親の離婚、17歳での出産という苦難を乗り越え、リフォーム会社の経営者に。しかし育児と仕事のストレスから２度の離婚、そして自殺未遂も経験。そのどん底を契機に、心理学、引き寄せ、成功法則などを学び、独自の「魔法の悪口ノート」メソッドを開発した。
本書は、このメソッド――４つのステップに沿って悪口を書くだけで幸せの扉が開く魔法のノウハウ――を書籍化したものである。

ずるいくらいいいことが起《お》こる
「悪口《わるぐち》ノート」の魔法《まほう》

2024年 6 月 5 日 第 1 刷

著　者　石《いし》川《かわ》清《きよ》美《み》

発行者　小澤源太郎

責任編集　株式会社プライム涌光
電話　編集部　03(3203)2850

発行所　株式会社青春出版社
東京都新宿区若松町12番1号〒162-0056
振替番号　00190-7-98602
電話　営業部　03(3207)1916

印刷　大日本印刷　　製本　ナショナル製本

万一、落丁、乱丁がありました節は、お取りかえします。

ISBN978-4-413-23360-6 C0011